Trainingssatz 1

W0339109

Rezession und Finanzkrise drohen

27. August 1982

Schwierigkeitsgrad: ✦✦

Wirtschafts- und Börsenlage

Wer in den vorangegangenen vier Jahren Aktien besaß, hatte keine große Freude daran. Angst vor Geldentwertung und politische Krisen (Machtergreifung der Mullahs im Iran, Einmarsch sowjetischer Truppen in Afghanistan) ließen in den Jahren 1979 und 1980 den Ölpreis und andere Rohstoffpreise in die Höhe schnellen. Der Goldpreis notierte im Januar 1980 in der Spitze 850 Dollar pro Feinunze.

In den USA stiegen die Anleihezinsen von 8,6 Prozent (September 1978) auf Werte um 15 Prozent (September 1981), in Deutschland im gleichen Zeitraum von 6 Prozent auf 11 Prozent. Bei den Aktien mußte man eine entnervende Pendelbewegung auf niedrigem Niveau hinnehmen. Hoffnungen auf Kurserholungen lösten sich stets nach einigen Monaten wieder in Luft auf. Immerhin konnten die US-Aktien von September 1978 (Dow-Jones-Index am 24. September 1978: 865,82) bis zum 27. August 1982 (Dow-Jones-Index 883,47) per saldo ihren Stand halten. Deutsche Aktien verloren jedoch in diesem Vierjahreszeitraum gemessen am Index rund zwanzig Prozent, Schweizer Dividendenwerte zwölf Prozent.

Furcht vor militärischen Auseinandersetzungen in Europa (Unterdrükkung der Demokratiebewegung in Polen, NATO-Nachrüstungsdiskussion in Westeuropa) führten zu einer Wiedererstarkung des US-Dollars von 1,70 DM (Tiefkurse 1978 bis 1980) auf Kurse von 2,30 bis 2,50 DM im Jahre 1981. Auf diesem Niveau konnte er sich seither behaupten.

Zur Zeit erscheint die Lage recht undurchsichtig. Einerseits sinken jetzt die Zinsen. Die US-Zentralbank hat seit Juli dieses Jahres nun schon zum vierten Mal ihren Diskontsatz gesenkt; die Deutsche Bundesbank ist diesem Schritt am 26. August gefolgt.

An diesem Freitag, den 27. August, war man jedoch an der Frankfurter

Börse enttäuscht, weil die nach den Zinssenkungen erwarteten Kauforders ausblieben. So schloß die Börse meist zu den niedrigsten Tageskursen.

Vielleicht ist der steigende Goldpreis die Ursache dieses Pessimismus; er könnte ein Vorbote wieder steigender Zinsen sein.

Dazu kommt, daß die Wirtschaft weltweit am Boden liegt. Sowohl diesseits als auch jenseits des Atlantik herrscht Rezession. Die amerikanische Autoindustrie sieht nach drei Jahren beispielloser Verkaufsrückschläge und riesiger Verluste noch kein Licht am Ende des Tunnels. Zwar haben General Motors, Ford und Chrysler aufgrund von Massenentlassungen und Werksschließungen 1982 erstmals nach zwei Verlustjahren wieder einen Gewinn verzeichnet. Aber der Absatz weist das schwächste Ergebnis seit 1961 auf.

Dem Volkswagenkonzern drohen in seinem US-Werk in Pennsylvania hohe Verluste. Es ist nur zur Hälfte ausgelastet. Ein zweites, beinahe fertiggestelltes VW-Werk in einem Vorort von Detroit muß nun wegen des schlechten Golf-Absatzes auf Eis gelegt werden. Der Bau eines geplanten Fahrzeugteilewerks in Kanada wird auf unbestimmte Zeit verschoben.

Der frühere Wirtschafts- und Finanzminister Karl Schiller erklärt in einem Gespräch mit der Nachrichtenagentur VWD, die deutsche Wirtschaft befinde sich in keinem *Konjunkturtief*, sondern in einer Phase der *Stagnation*. Mit den dreißiger Jahren sei dies jedoch nicht vergleichbar, denn damals habe Deflation geherrscht, heute befinde man sich immer noch im Kampf gegen die Inflation.

Aus *weltwirtschaftlicher Sicht* bereitet derzeit die drohende Zahlungsunfähigkeit Mexikos die größten Sorgen. Auslandsschulden können womöglich nicht mehr bedient werden. Man rechnet mit entsprechenden Schwierigkeiten bei weiteren vorwiegend lateinamerikanischen Ländern und befürchtet weltweite Bankenkrisen als Folge fauler Kredite. Vermutlich haben deswegen auch so panikartige Goldkäufe eingesetzt.

Vom 3. bis zum 9. September wird sich eine Jahrestagung des Internationalen Währungsfonds und der Weltbank in Toronto mit dieser Finanzkrise beschäftigen.

Ist angesichts einer solchen undurchsichtigen Lage der Dow-Jones-Index nicht schon zu weit gestiegen?

Anleihezinsen USA/Deutschland vom 28.08.81 bis 27.08.82

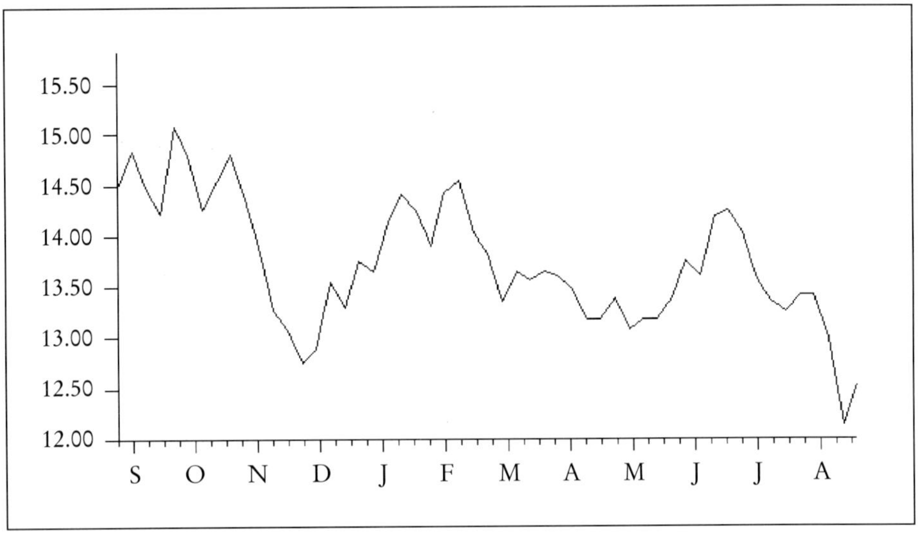

Rendite 30jährige US-T-Bonds

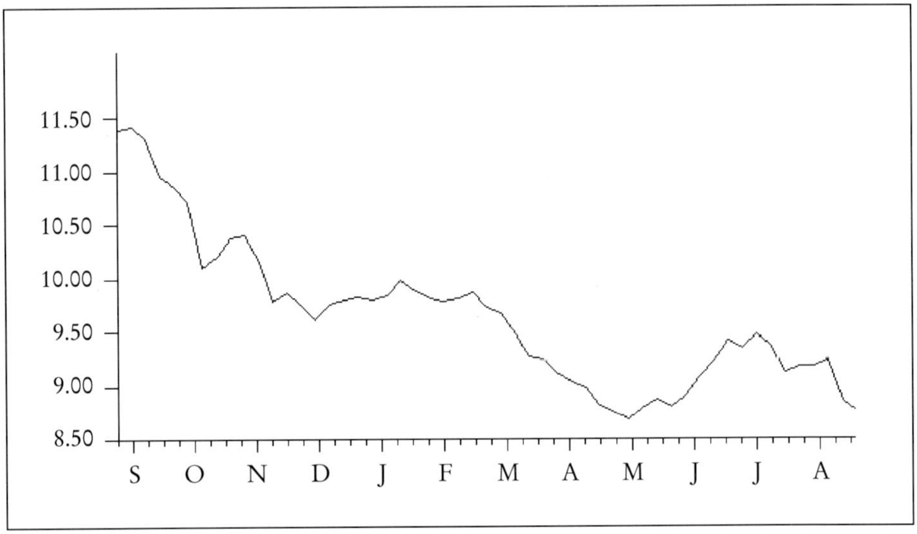

Umlaufrendite Anleihen Deutschland

Gold- und Metallpreise vom 28.08.81 bis 27.08.82

Gold $/Feinunze

Metall-Index

Rohstoffpreise und US-Versorger vom 28.08.81 bis 27.08.82

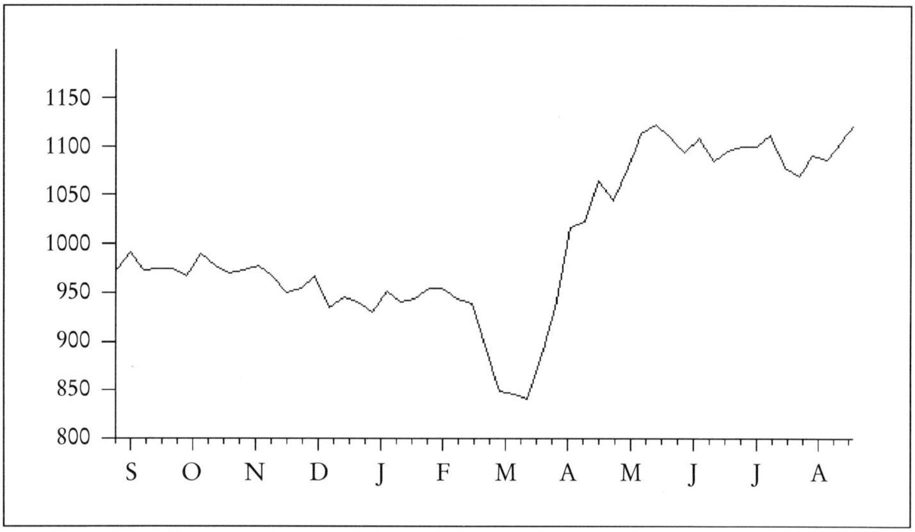

Moody-Index

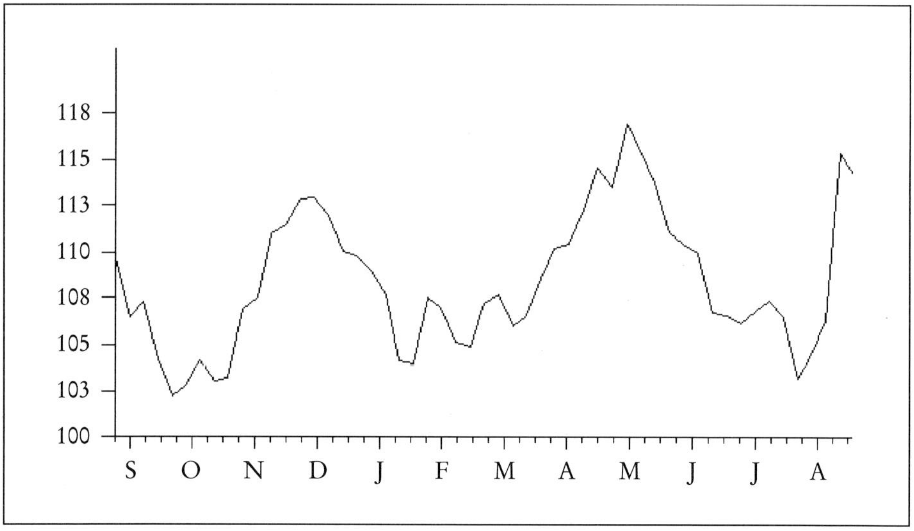

Dow-Jones-Utility-Index

US-Dollar vom 28.08.81 bis 27.08.82

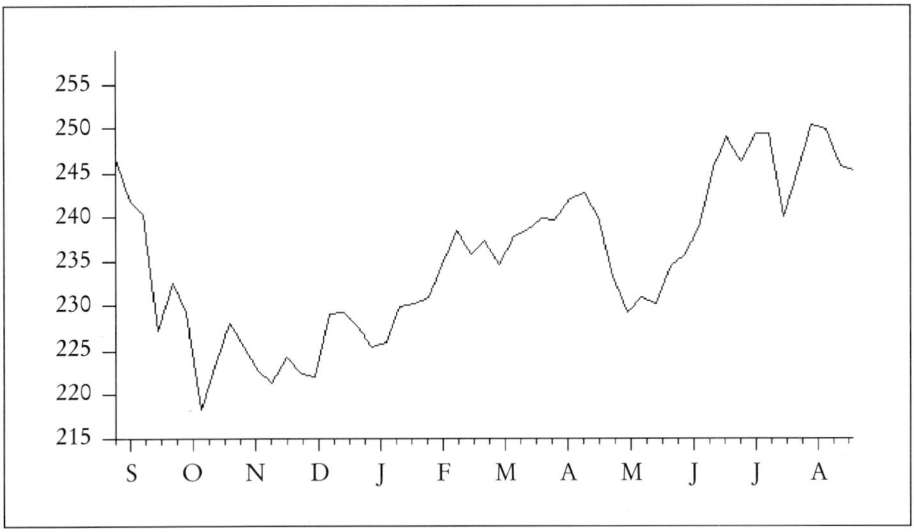

100 US-$ in DM

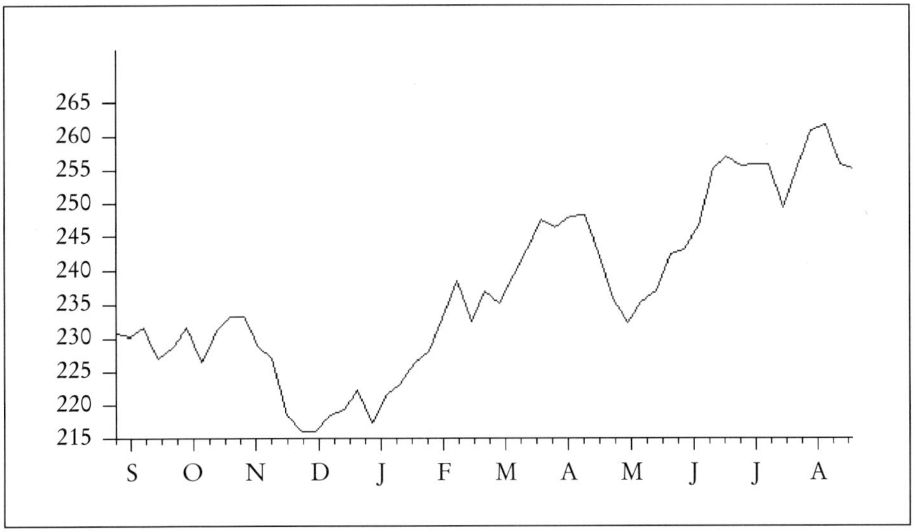

US-$ in Yen

Dow-Jones-Index und DAX vom 28.08.81 bis 27.08.82

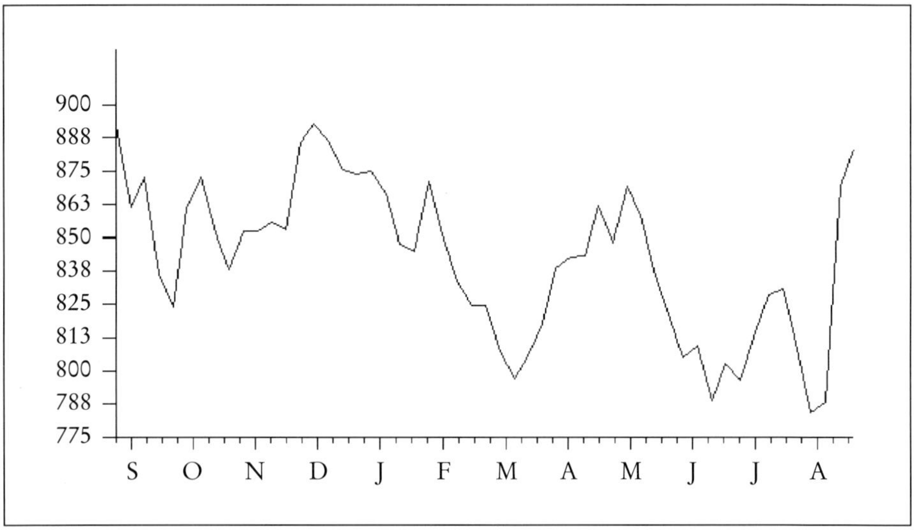

Dow-Jones-Index

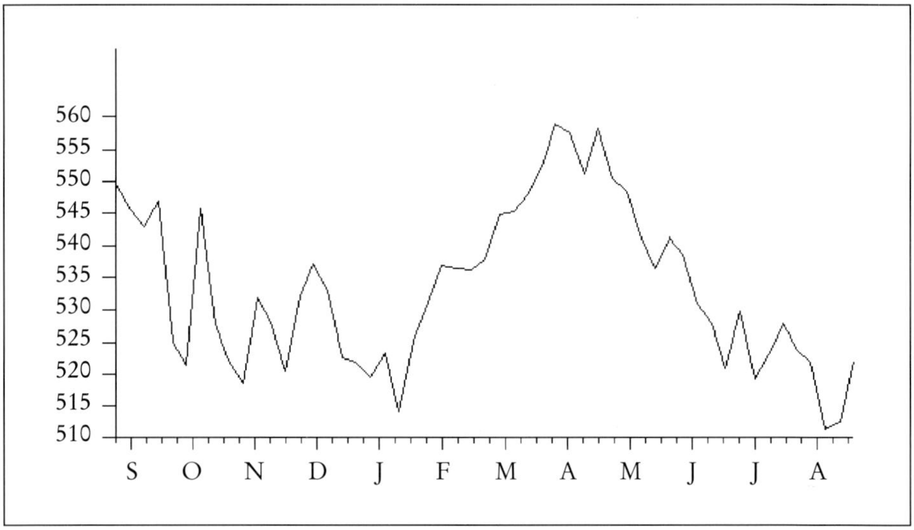

DAX

Kreuzen Sie bei »Aktien« und »Anleihen« an, welche der folgenden Empfehlungen Sie abgegeben hätten:

Aktien

○ weltweit uneingeschränkt kaufen
○ kaufen; US-Aktien übergewichten
○ kaufen; europäische Aktien übergewichten
○ weltweit gut haltenswert, Zukäufe möglich
○ weltweit gut haltenswert, Zukäufe in den USA möglich
○ weltweit gut haltenswert, Zukäufe in Europa möglich
○ in Europa Teilverkäufe, US-Aktien noch haltenswert
○ in den USA Teilverkäufe, europäische Aktien noch haltenswert
○ in Europa 50 Prozent und in den USA 25 Prozent der Aktien verkaufen
○ in den USA 50 Prozent und in Europa 25 Prozent der Aktien verkaufen
○ weltweit uneingeschränkt verkaufen

Anleihen

○ weltweit Anleihen mit langen Laufzeiten kaufen
○ weltweit Anleihen mit kurzen Laufzeiten kaufen
○ europäische Anleihen mit langen Laufzeiten kaufen
○ europäische Anleihen mit kurzen Laufzeiten kaufen
○ US-Anleihen mit langen Laufzeiten kaufen
○ US-Anleihen mit kurzen Laufzeiten kaufen
○ US-Anleihen noch halten, europäische Anleihen abstoßen
○ europäische Anleihen noch halten, US-Titel abstoßen
○ gegenüber Aktien zur Zeit eindeutig untergewichten

Empfehlung

Aktien:
weltweit uneingeschränkt kaufen.

Anleihen:
gegenüber Aktien zur Zeit eindeutig untergewichten.

Begründung

Die Zinsen haben eine kräftige Talfahrt hinter sich; kleinere Reaktionen sind noch nicht als Wende nach oben zu interpretieren. Noch ist das Zinsniveau ganz ansprechend, aber nicht mehr so hoch, daß es unbedingt zum Kauf von Langläufern lockt. Da die Aktienmärkte auf wesentlich attraktiverem Niveau liegen, sollte man diese bevorzugen. Wenn man schon Anleihen kauft, sollte man sich wegen der gestiegenen Rohstoffpreise lieber für kurze Laufzeiten (2 bis 3 Jahre) entscheiden.

Die Rohstoffpreise haben (abgesehen vom noch tief notierenden Metall-Index) einen Aufwärtstrend eingeschlagen. Die Zinstrends, die noch abwärtsgerichtet sind, hat dies zwar bislang nicht beeinträchtigt, aber es sind höhere Zinsen in den kommenden Monaten nicht auszuschließen.

Der Dow-Jones-Utility-Index hat sich ebenfalls kräftig erholt und damit auf die freundliche Stimmung am Anleihemarkt reagiert. Aufgrund seiner bewährten Eigenschaft als Frühindikator für den Trend der US-Aktien müßte die Hausse jetzt eigentlich erst richtig beginnen.

Der Dollar ist nach seinem Anstieg offenbar in eine Konsolidierungsphase eingetreten. Sein Trend ist im Moment für die Beurteilung deutscher Aktien weniger bedeutsam, da aufgrund seines relativ hohen Niveaus auch ein Rückgang für europäische Exportwerte keine Gefahr darstellt.

Die Aktienmärkte hatten erst nach längerer Zeit auf die freundliche Zinssituation reagiert. Besonders europäische Aktien hätten angesichts des starken Dollars eigentlich eher anspringen und auch besser laufen müssen als US-Aktien. Das Niveau ist hier noch attraktiv niedrig.

Darüber hinaus meldet der Dow-Jones-Index bereits einen klaren Aufwärtstrend. Steigende Zinsen wirken ja in der Regel erst mit einigen Monaten Verspätung dämpfend auf Aktien. Bis dahin sollten noch attraktive Kursgewinne möglich sein.

Nebenbei: *Goldminenaktien* stehen in einer Idealsituation:

Noch sinkende Zinsen in Verbindung mit einem bereits steigenden Goldpreis haben früher oft zu einer sehr starken Goldminenhausse mit Kursgewinnen von teilweise mehr als 100 Prozent geführt.

Zur Information

Von unserem Stichtag aus ging es an den Aktienmärkten gemessen an ihren Indizes folgendermaßen weiter:

	Deutschland	Schweiz	USA
1 Monat	+ 5 %	- 1 %	+ 4 %
3 Monate	+ 6 %	+ 8 %	+ 14 %
6 Monate	+ 20 %	+ 24 %	+ 27 %
13 Monate	+ 38 %	+ 30 %	+ 40 %

Wer den Kauf von Goldminenaktien wagte, erzielte einen Volltreffer. Der Londoner Goldminenindex legte bis Ende September 1982 16 Prozent zu, bis Ende November insgesamt 34 Prozent, bis Februar 1983 bereits 96 Prozent. Ein Jahr später, Ende August 1983, lag er um 112 Prozent über dem Niveau vom 27. August 1982.

Trainingssatz 1

Trainingssatz 2

Zwischen Schuldenkrise und Hoffnung auf Konjunkturbelebung

30. September 1983

Schwierigkeitsgrad: ✦✦✦

Wirtschafts- und Börsenlage

Wir befinden uns in einer Konsolidierungsphase nach einem gewaltigen Aufschwung an den Aktienmärkten. Dieser begann weltweit im Sommer 1982; in Deutschland wurde die Hausse unterstützt durch den politischen Machtwechsel zu einer konservativen Regierung unter Helmut Kohl.

Nun stellt sich die Frage, ob die Hausse mit einem vorläufigen Höchststand Ende Juni 1983 in den meisten Ländern schon beendet ist oder ob noch Kraft für einen weiteren Anstieg mit neuen Höchstkursen vorhanden ist. Nach Kursgewinnen von 45 Prozent an der deutschen Börse könnten sich die Anleger zurückhalten. Andererseits scheinen die Zinsen eher wieder etwas nachzugeben, wovon erfahrungsgemäß die Aktienbörsen profitieren.

Aber was ist, wenn sich die USA noch tiefer verschulden sollten? Denn das Haushaltsdefizit hat sich in den letzten Jahren dort sprunghaft ausgeweitet. Mit einem Defizit von 7,2 Mrd. Dollar erreichte auch die US-*Handelsbilanz* im August 1983 einen neuen Rekordfehlbetrag. Der dennoch starke Dollar profitiert offensichtlich von den attraktiven US-Zinsen.

Ein Mexiko und Brasilien drohender Staatsbankrott wurde zunächst mit Hilfe von Umschuldungsabkommen verhindert. 850 Privatbanken in aller Welt mußten sich durch den Zuschuß von frischem Geld an der Rettungsaktion beteiligen. Man hofft, daß Brasilien und andere Schuldnerländer mit anspringender Konjunktur ihre Schulden allmählich abbauen können, was freilich angesichts hoher Dollarkurse und hoher US-Zinsen sehr schwierig werden wird.

Bankaktien waren jedenfalls zuletzt auffällig schwach. Die Deutsche Bank hatte eine verstärkte staatliche Rückendeckung im künftigen internationalen Kreditgeschäft gefordert. Dies wurde als Eingeständnis von Schwächen bei der Kreditvergabe interpretiert.

Positiv stellt sich dagegen die internationale Konjunkturlage dar. Nach einer Studie der Deutschen Gesellschaft für Anlageberatung sollen 1983 die Unternehmensgewinne in Deutschland um 12 Prozent steigen.

Anleihezinsen USA/Deutschland vom 01.10.82 bis 30.09.83

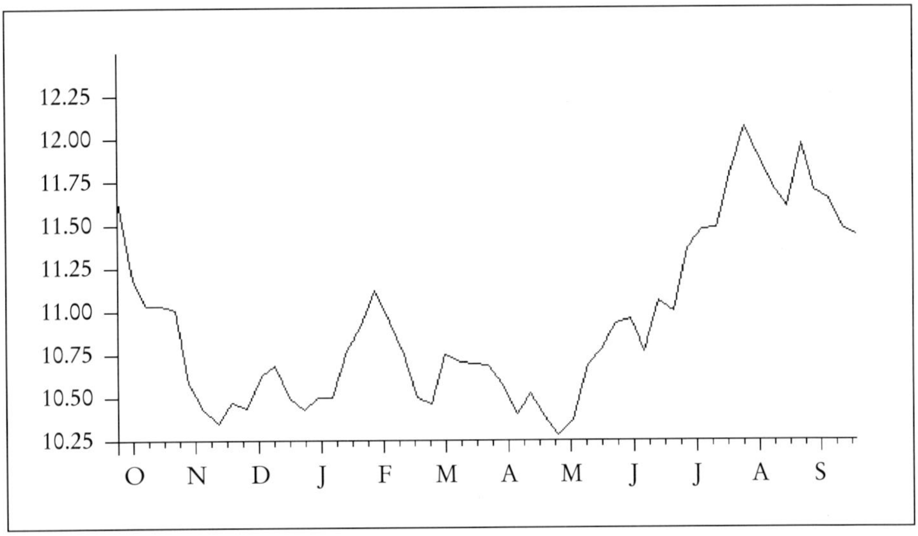

Rendite 30jährige US-T-Bonds

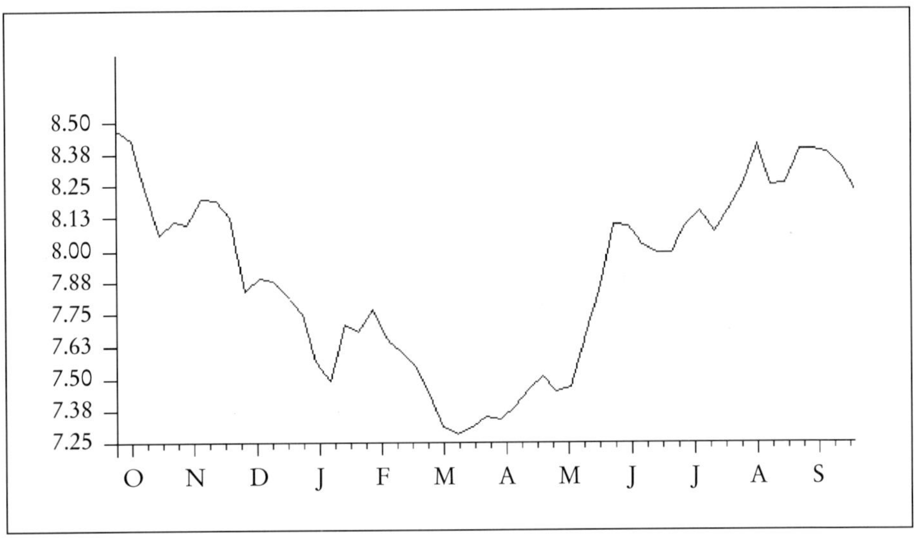

Umlaufrendite Anleihen Deutschland

Gold- und Metallpreise vom 01.10.82 bis 30.09.83

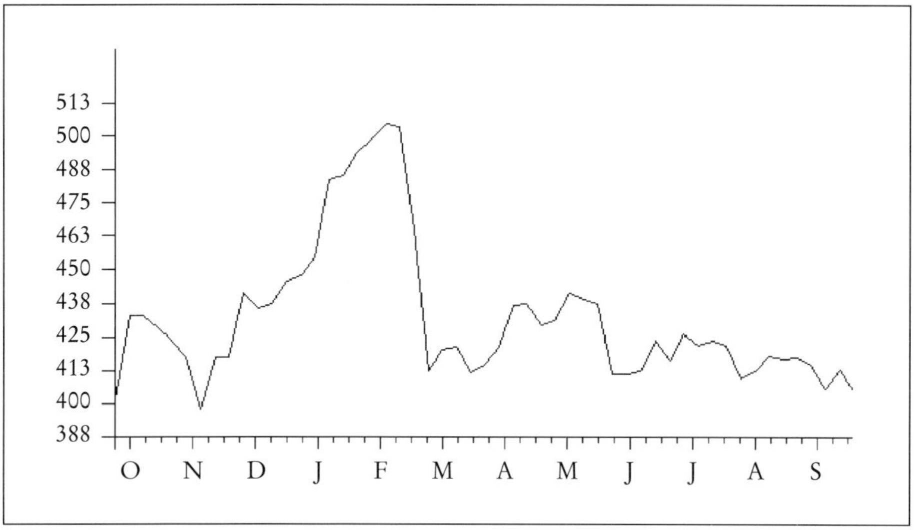

Gold $/Feinunze

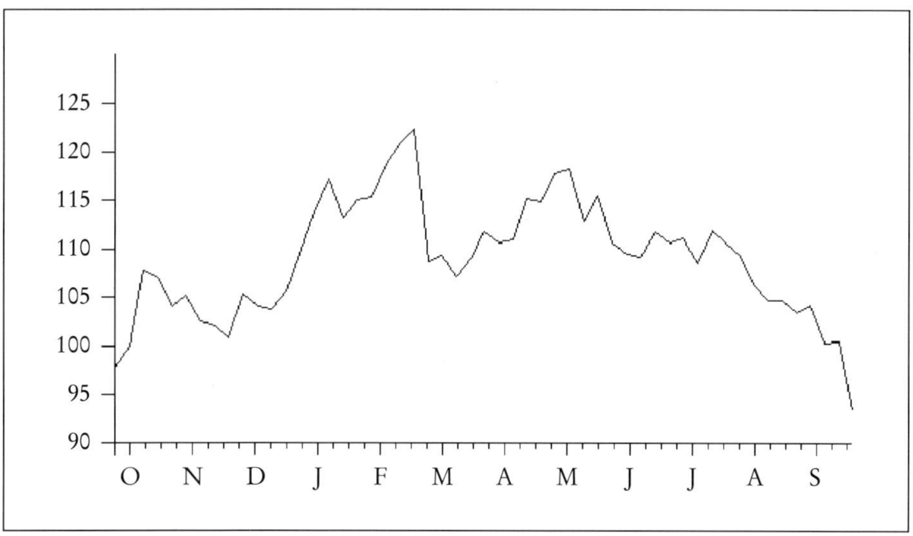

Metall-Index

Rohstoffpreise und US-Versorger vom 01.10.82 bis 30.09.83

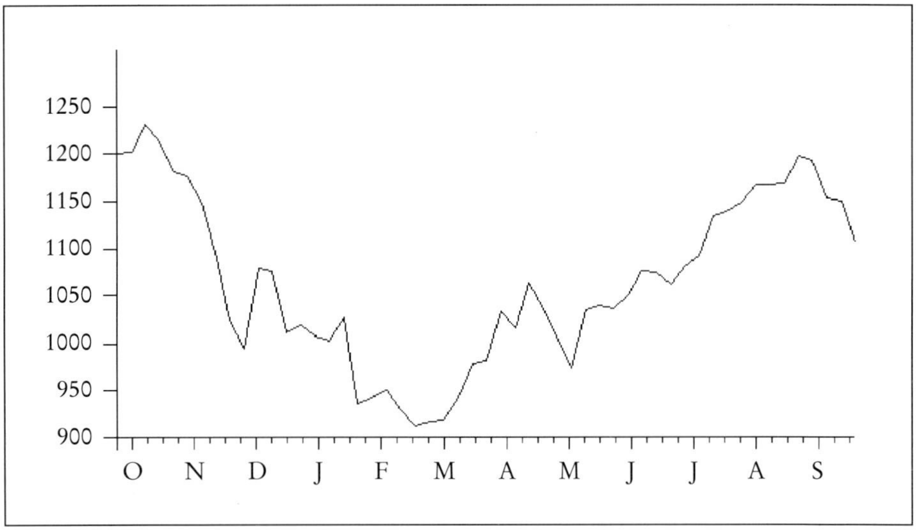

Moody-Index

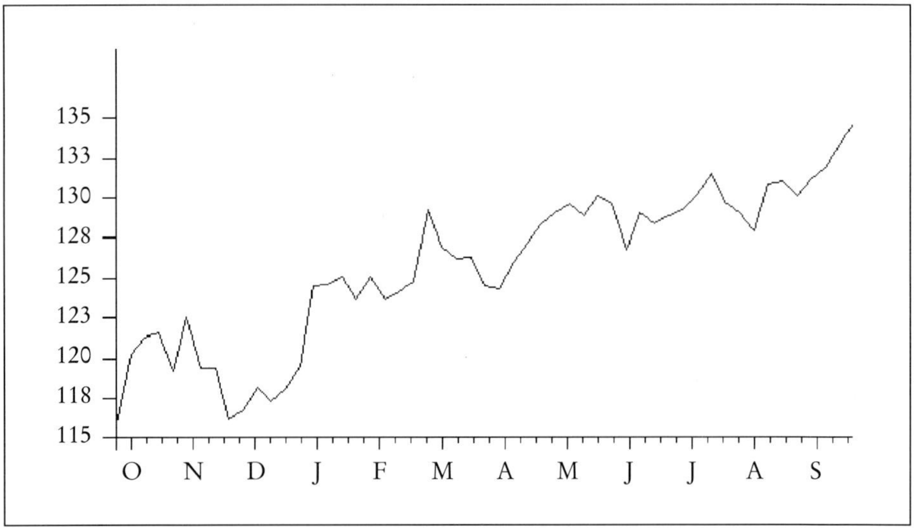

Dow-Jones-Utility-Index

US-Dollar vom 01.10.82 bis 30.09.83

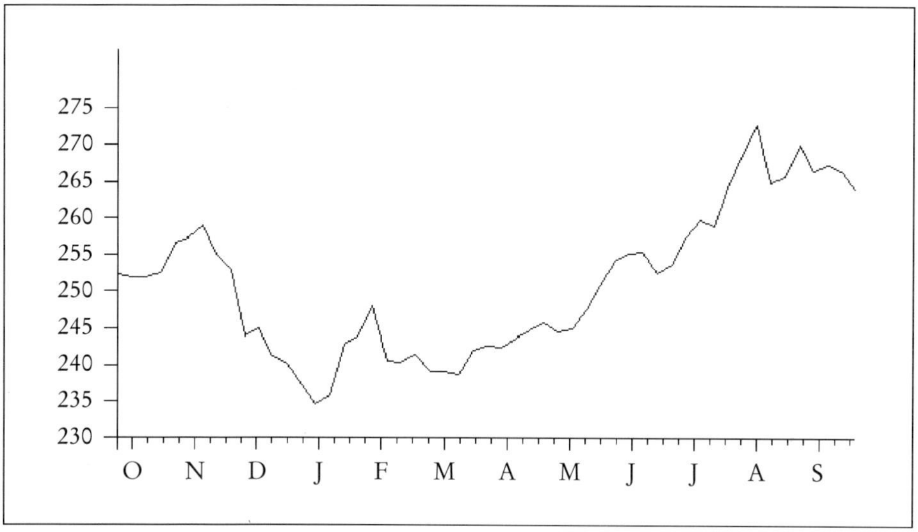

100 US-$ in DM

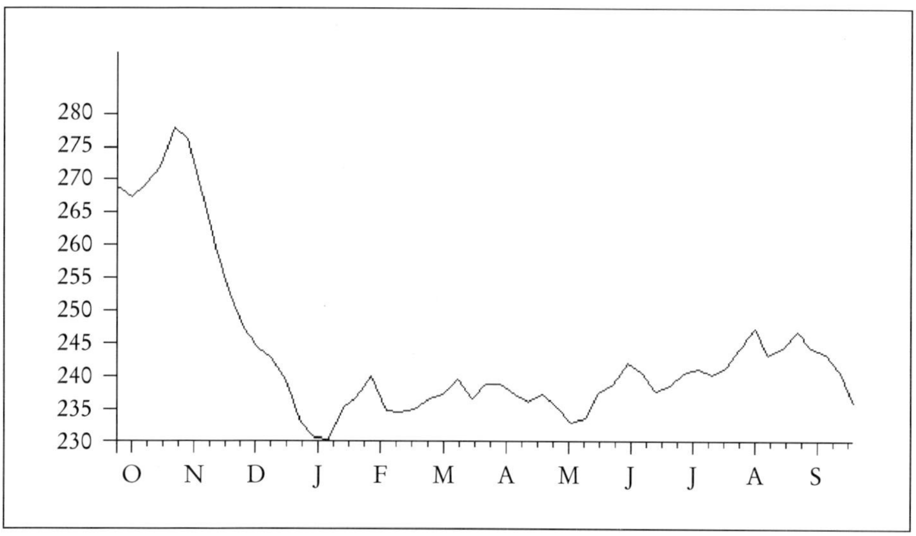

US-$ in Yen

Dow-Jones-Index und DAX vom 01.10.82 bis 30.09.83

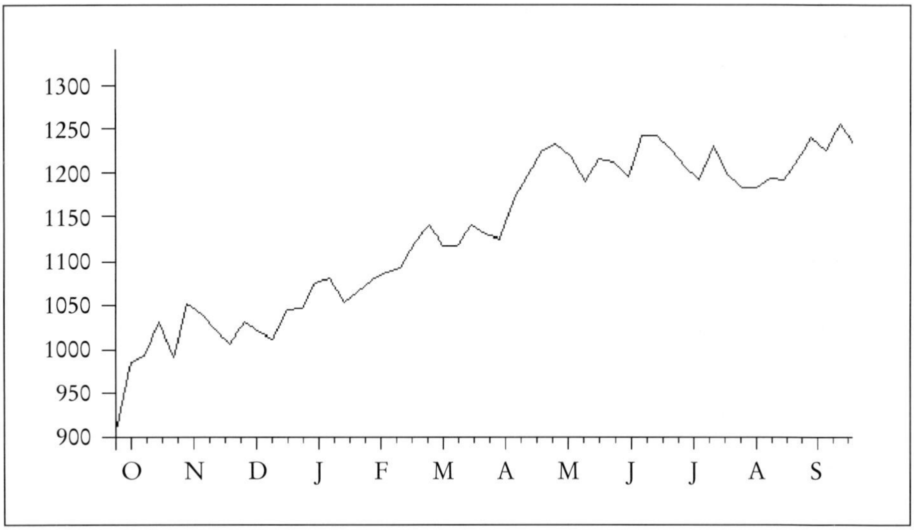

Dow-Jones-Index

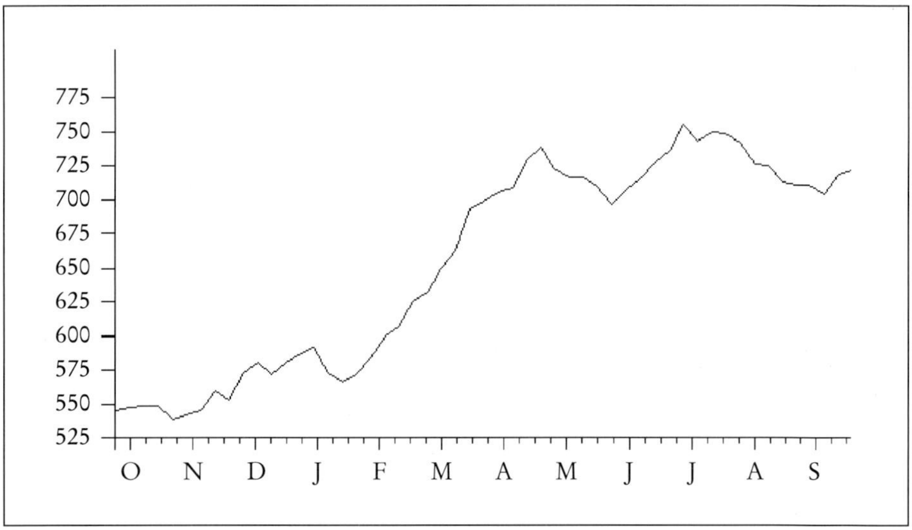

DAX

Kreuzen Sie bei »Aktien« und »Anleihen« an, welche der folgenden Empfehlungen Sie abgegeben hätten:

Aktien

- ○ weltweit uneingeschränkt kaufen
- ○ kaufen; US-Aktien übergewichten
- ○ kaufen; europäische Aktien übergewichten
- ○ weltweit gut haltenswert, Zukäufe möglich
- ○ weltweit gut haltenswert, Zukäufe in den USA möglich
- ○ weltweit gut haltenswert, Zukäufe in Europa möglich
- ○ in Europa Teilverkäufe, US-Aktien noch haltenswert
- ○ in den USA Teilverkäufe, europäische Aktien noch haltenswert
- ○ in Europa 50 Prozent und in den USA 25 Prozent der Aktien verkaufen
- ○ in den USA 50 Prozent und in Europa 25 Prozent der Aktien verkaufen
- ○ weltweit uneingeschränkt verkaufen

Anleihen

- ○ weltweit Anleihen mit langen Laufzeiten kaufen
- ○ weltweit Anleihen mit kurzen Laufzeiten kaufen
- ○ europäische Anleihen mit langen Laufzeiten kaufen
- ○ europäische Anleihen mit kurzen Laufzeiten kaufen
- ○ US-Anleihen mit langen Laufzeiten kaufen
- ○ US-Anleihen mit kurzen Laufzeiten kaufen
- ○ US-Anleihen noch halten, europäische Anleihen abstoßen
- ○ europäische Anleihen noch halten, US-Titel abstoßen
- ○ gegenüber Aktien zur Zeit eindeutig untergewichten

Empfehlung

Aktien:
weltweit gut haltenswert, Zukäufe möglich.

Anleihen:
weltweit Anleihen mit langen Laufzeiten kaufen.

Begründung

Die Zinsen befinden sich noch auf recht attraktivem Niveau: 11 Prozent in den USA, 8,5 Prozent für langlaufende deutsche Anleihen! Davon wird man Ende der 90er Jahre nur noch träumen können. Wichtig bei einer Kaufentscheidung für Anleihen ist freilich, ob die Zinsen immer noch oder schon wieder sinken, denn nur in diesen Fällen hat man hier Chancen auf Kursgewinne.

Und da sieht es doch recht gut aus! Die Zinsen haben deutlich nach unten gedreht. Die Trendumkehr in Form einer Doppelspitze wirkt besonders bei den US-Anleihen recht zuverlässig und wird von den anderen Indikatoren (Rohstoffe, Utility-Index) bestätigt. Auf Grund des schwächer erscheinenden Dollars sind deutsche Anleihen zur Zeit gegenüber US-Anleihen risikoärmer, bieten aber deutlich weniger Rendite.

Die Rohstoffpreise haben ebenfalls Entwarnung für die Zinsen gegeben. Gold und Metall-Index erreichen ständig neue Tiefs; auch der Moody-Index hat klar nach unten gedreht. Für die nächsten Monate scheint kein erneuter Anstieg bei Preisen und Zinsen zu drohen.

Goldaktien waren seit August 1982 der Renner, sind aber wegen der schwachen Entwicklung der Rohstoffpreise und ihres immer noch hohen Kursniveaus zur Zeit eher negativ zu beurteilen. Sollten die Zinsen weiter sinken und der Goldpreis nach oben drehen, könnten sie wieder gekauft werden.

Der Dow-Jones-Utility-Index erreicht ein neues Hoch nach dem anderen und reagiert damit auf die freundliche Stimmung bei den Zinsen. Dies ist auch eine gute Vorgabe für die Aktienmärkte, denen er ja meist vorauseilt.

Der Dollar ist offenbar in eine Konsolidierungsphase, wenn nicht gar in eine Wendeformation eingetreten. Gegenüber dem Yen hatte er seinen

Schwächeanfall vom vergangenen Winter ohnehin nicht mehr aufholen können. Andererseits befindet er sich zumindest gegenüber der DM auf einem so hohen Niveau, daß die deutsche Exportwirtschaft auch unter einem zehnprozentigem Rückgang nicht leiden würde. Man sollte daher deutsche Aktien nur aus diesem Grund zur Zeit nicht untergewichten.

Internationale Aktien sind also alles in allem aufgrund der freundlichen Zinsen und Preise wieder kaufenswert, trotz des noch hohen Niveaus. Da aber auch die *Anleihe*märkte zur Zeit recht attraktiv sind, sollte man Aktien nicht übergewichten. Immerhin weisen die Anleihen bei derzeit guten Renditen und Kurschancen ein viel geringeres Risiko als Aktien auf.

Zur Information

Von unserem Stichtag aus ging es an den Aktienmärkten gemessen an ihren Indizes folgendermaßen weiter:

	Deutschland	Schweiz	USA
1 Monat	+ 7 %	+ 2 %	- 1 %
3 Monate	+ 11 %	+ 11 %	+ 2 %
6 Monate	+ 9 %	+ 8 %	- 6 %
10 Monate	- 1 %	+ 2 %	- 10 %

Trainingssatz 2

Trainingssatz 3

Flotte Konjunktur, Streikfolgen, Zinsängste

27. Juli 1984

Schwierigkeitsgrad: ✦

Wirtschafts- und Börsenlage

Die Industrieproduktion in Europa weist eine steigende Tendenz auf, auch wenn der deutschen Wirtschaft ein gerade beendeter siebenwöchiger Streik in der Metall- und Druckindustrie zur Durchsetzung der 35-Stunden-Woche schwer zu schaffen macht. Die Streikfolgen sind noch nicht abzusehen; es könnte im zweiten Halbjahr 1984 sowie 1985 zu einem Rückgang der Nachfrage kommen. Die vereinbarte 38,5-Stundenwoche wird als weniger schwerwiegend angesehen als die lange Produktionsunterbrechung und das schwindende Vertrauen im Ausland in die Lieferpünktlichkeit deutscher Produkte und den Industriestandort Deutschland selbst.

Andererseits hat die Haushaltskonsolidierung der deutschen Bundesregierung seit einem Jahr gute Fortschritte gemacht. Viele Befürchtungen hinsichtlich der Gefährdung des konjunkturellen Aufschwungs haben sich als unberechtigt erwiesen. Dabei kam allerdings ein Großteil der Nachfrage aus dem Ausland, unterstützt durch den hohen Dollarkurs.

»Europa fängt sich, aber Amerika bleibt Zugpferd« faßt die *Süddeutsche Zeitung* am 21. Juli 1984 die Weltwirtschaftslage zusammen. Die drei US-Autokonzerne General Motors, Ford und Chrysler melden im 2. Quartal 1984 Rekordgewinne. Aber diese Gewinne beeinflussen auch die derzeitigen Tarifgespräche; die Arbeitnehmer wollen mit erheblichen Verbesserungen der Löhne und Sozialleistungen sowie durch Arbeitsplatzgarantien an der günstigen Geschäftsentwicklung beteiligt werden.

Die Unsicherheit über den Preisauftrieb in den USA läßt dort vorerst ein weiterhin hohes Zinsniveau erwarten.

An den Wertpapiermärkten hat die Furcht vor höheren Zinsen schwere Kursverluste ausgelöst. Die Aktienmärkte haben gegenüber ihren im Januar erreichten Hochs weltweit um 20 Prozent nach unten korrigiert. Anleger fragen besorgt: Ist das erst der Anfang einer längeren Baisse, geht es noch weiter abwärts? Denn wenn die Zinsen weiter stiegen, hätte dies für die Weltwirtschaft fatale Folgen. In Deutschland wurden Befürchtungen laut, bei einem weiterhin sehr festen Dollarkurs könnte die Bundesbank genötigt sein, die Zinsen anzuheben.

Auch in den USA und in mehreren europäischen Ländern könnten die Zentralbanken angesichts befürchteter Begehrlichkeiten der Gewerkschaften versucht sein, mit hohen Zinsen gegenzusteuern.

Optimisten hoffen jedoch darauf, daß die Phase der Zinsangst bald überwunden ist. Eine konjunkturelle Abkühlung im zweiten Halbjahr 1984 als Folge der hohen Zinsen könnte dann eine Wende zu erneuten Kurssteigerungen einleiten.

Anleihezinsen USA/Deutschland vom 29.07.83 bis 27.07.84

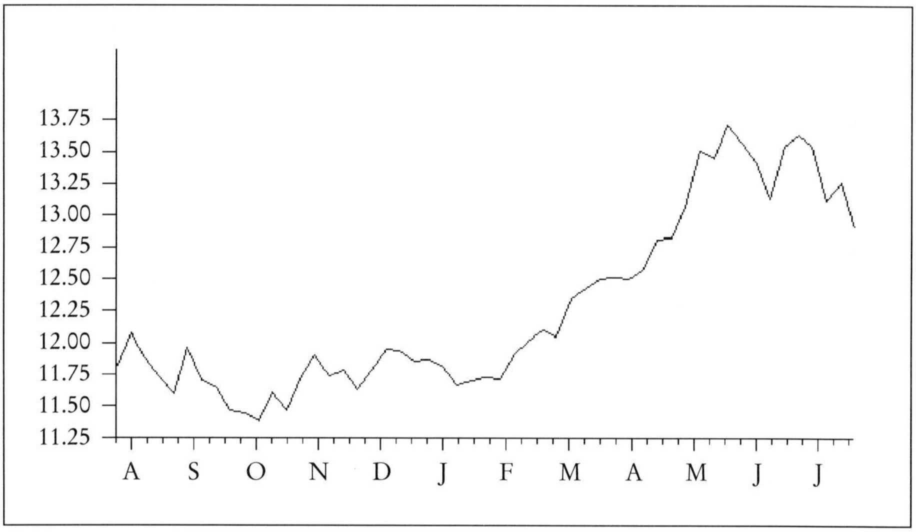

Rendite 30jährige US-T-Bonds

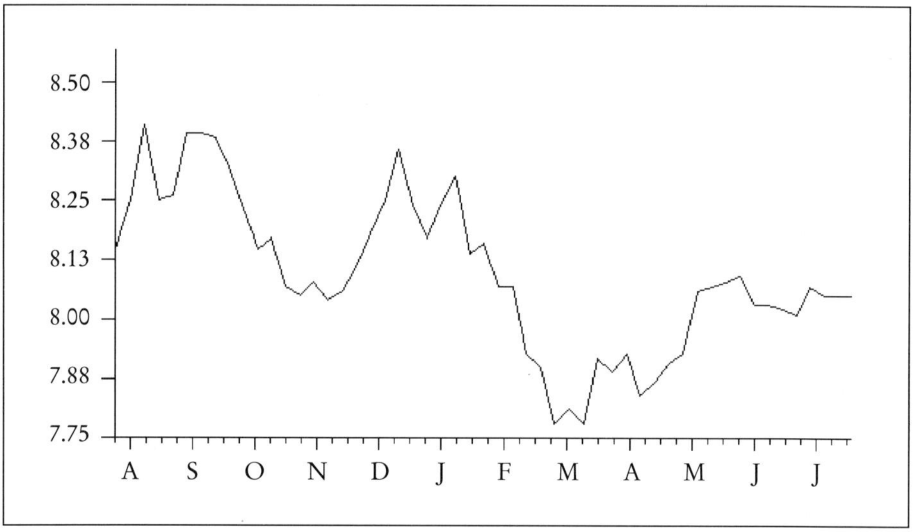

Umlaufrendite Anleihen Deutschland

Gold- und Metallpreise vom 29.07.83 bis 27.07.84

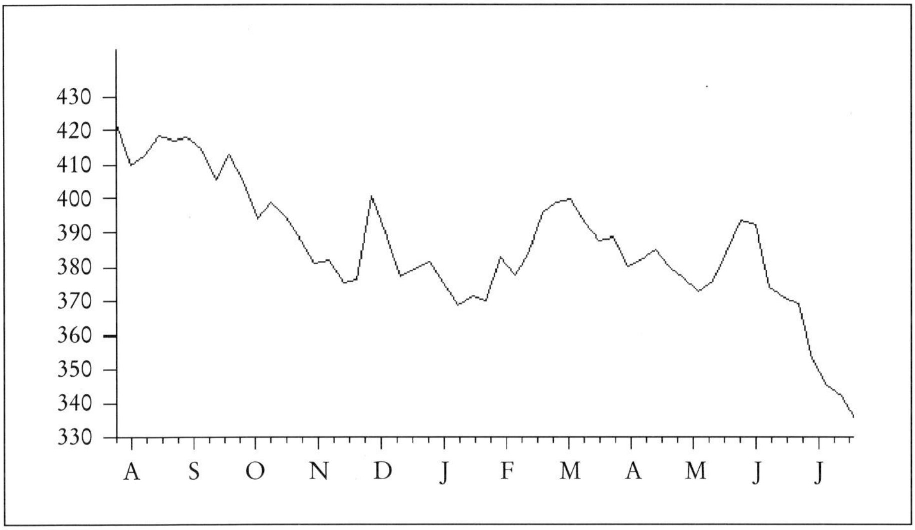

Gold $/Feinunze

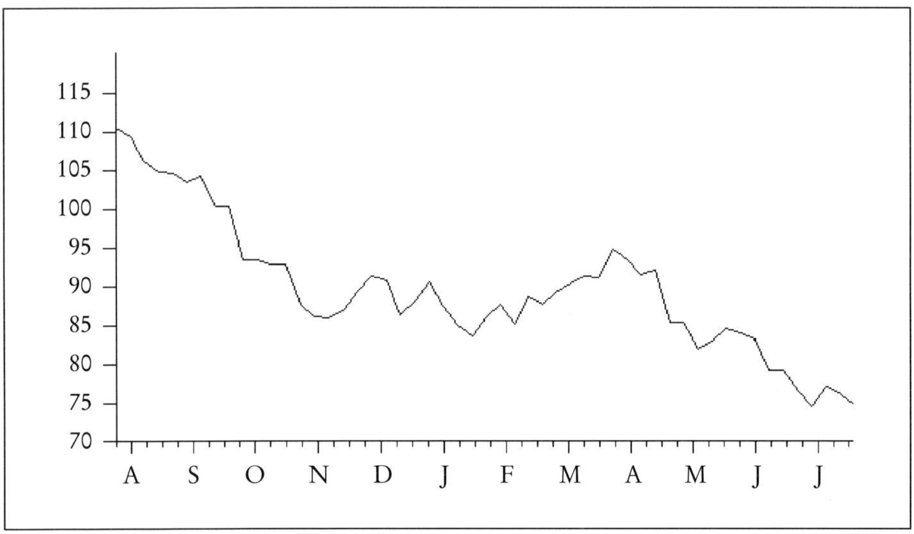

Metall-Index

Rohstoffpreise und US-Versorger vom 28.08.81 bis 27.08.82

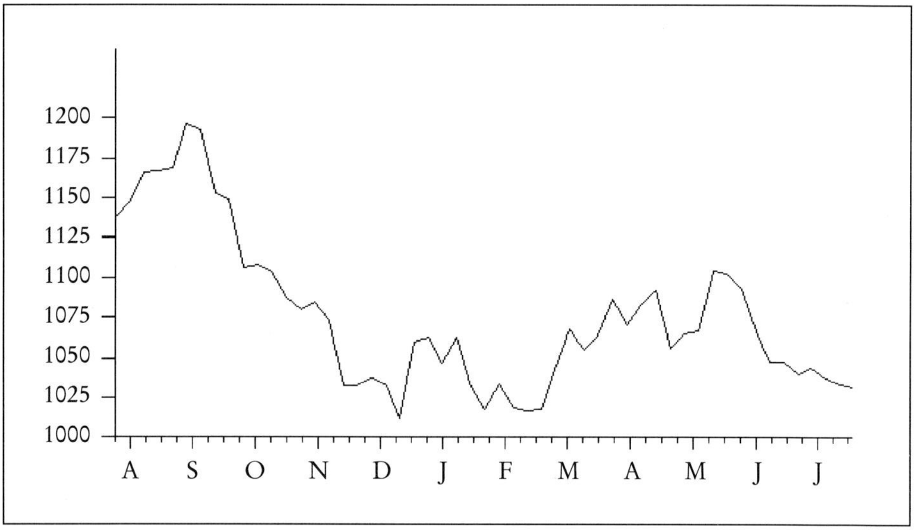

Moody-Index

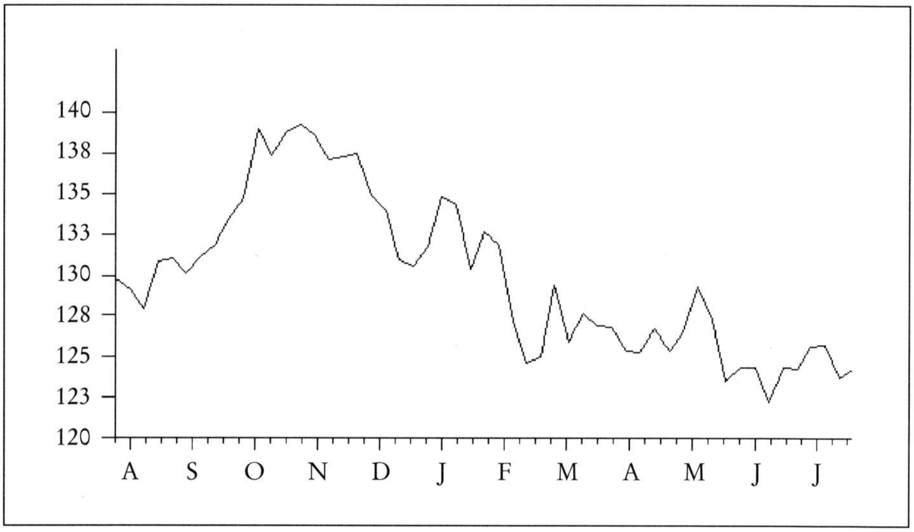

Dow-Jones-Utility-Index

US-Dollar vom 29.07.83 bis 27.07.84

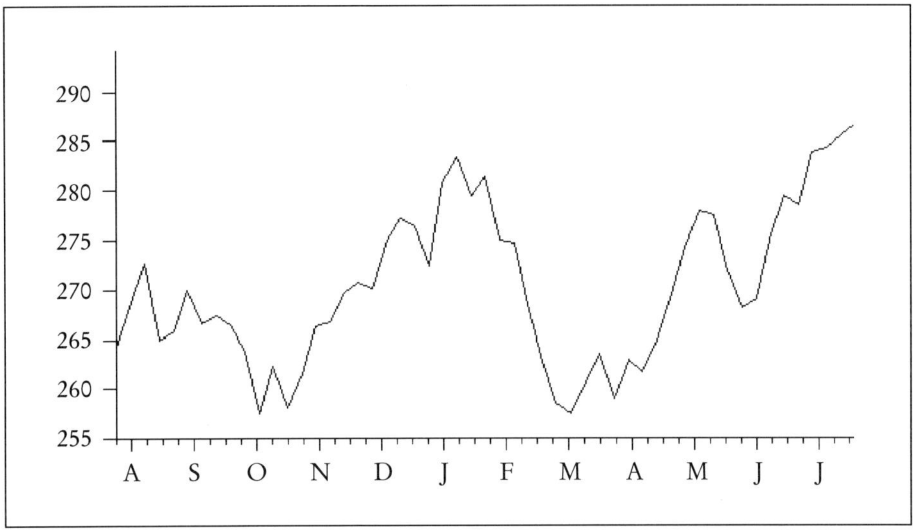

100 US-$ in DM

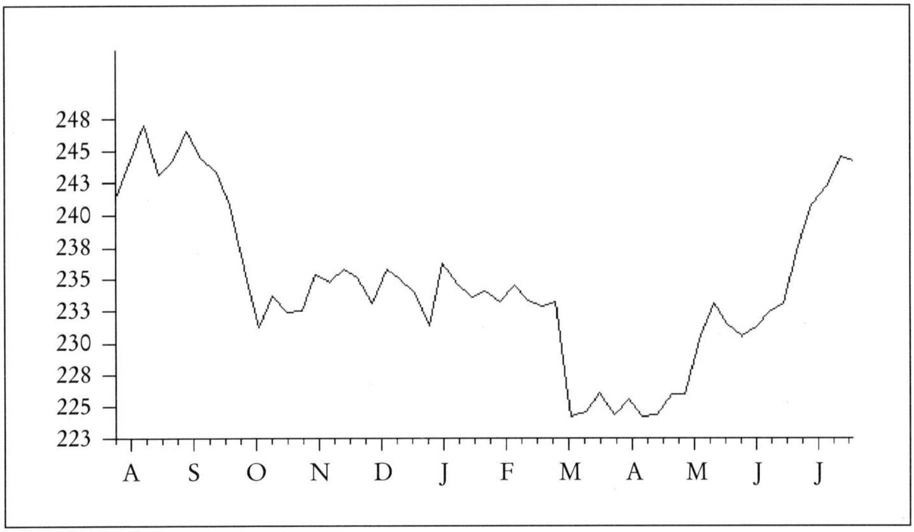

US-$ in Yen

Dow-Jones-Index und DAX vom 29.07.83 bis 27.07.84

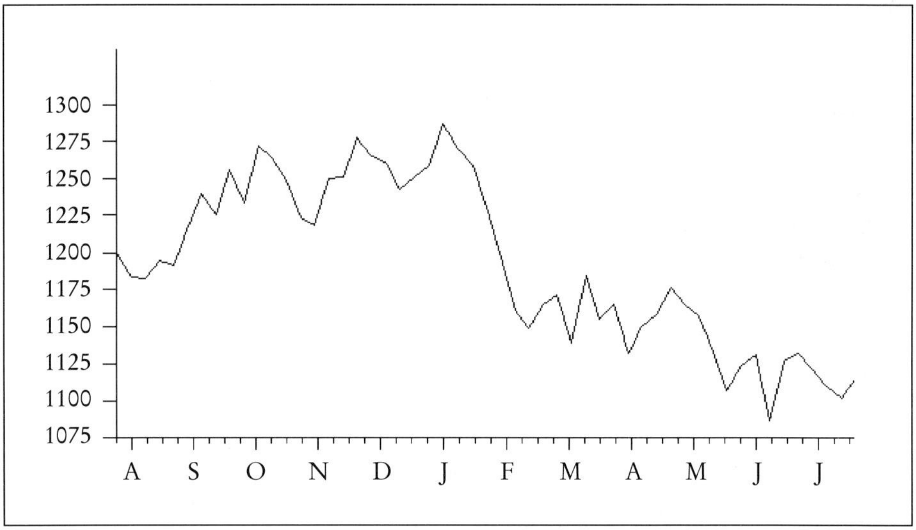

Dow-Jones-Index

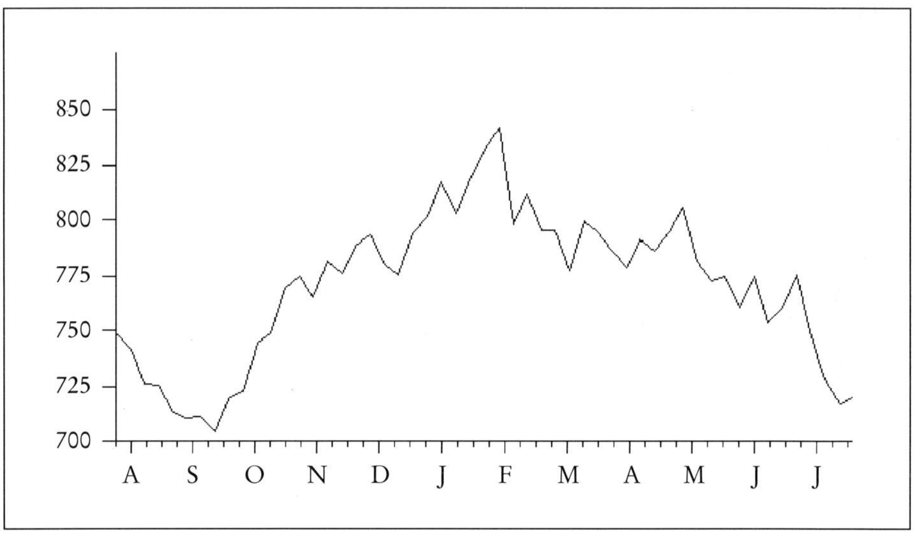

DAX

Kreuzen Sie bei »Aktien« und »Anleihen« an, welche der folgenden Empfehlungen Sie abgegeben hätten:

Aktien

- ○ weltweit uneingeschränkt kaufen
- ○ kaufen; US-Aktien übergewichten
- ○ kaufen; europäische Aktien übergewichten
- ○ weltweit gut haltenswert, Zukäufe möglich
- ○ weltweit gut haltenswert, Zukäufe in den USA möglich
- ○ weltweit gut haltenswert, Zukäufe in Europa möglich
- ○ in Europa Teilverkäufe, US-Aktien noch haltenswert
- ○ in den USA Teilverkäufe, europäische Aktien noch haltenswert
- ○ in Europa 50 Prozent und in den USA 25 Prozent der Aktien verkaufen
- ○ in den USA 50 Prozent und in Europa 25 Prozent der Aktien verkaufen
- ○ weltweit uneingeschränkt verkaufen

Anleihen

- ○ weltweit Anleihen mit langen Laufzeiten kaufen
- ○ weltweit Anleihen mit kurzen Laufzeiten kaufen
- ○ europäische Anleihen mit langen Laufzeiten kaufen
- ○ europäische Anleihen mit kurzen Laufzeiten kaufen
- ○ US-Anleihen mit langen Laufzeiten kaufen
- ○ US-Anleihen mit kurzen Laufzeiten kaufen
- ○ US-Anleihen noch halten, europäische Anleihen abstoßen
- ○ europäische Anleihen noch halten, US-Titel abstoßen
- ○ gegenüber Aktien zur Zeit eindeutig untergewichten

Empfehlung

Aktien:
weltweit uneingeschränkt kaufen.

Anleihen:
US-Anleihen mit langen Laufzeiten kaufen.

Begründung

Die Zinsen, vor allem der *US-Bonds*, befinden sich auf außerordentlich hohem Niveau und tendieren erneut abwärts, was den Kauf von langlaufenden Anleihen besonders attraktiv macht. Denn bei sinkenden Zinsen steigen ja die Kurse der im Markt befindlichen Anleihen. Somit lassen sich risikolose Renditen von über 12 Prozent in den USA und 8 Prozent in Deutschland erzielen – mit der Aussicht auf zusätzliche Kursgewinne!

Gleichzeitig müßten sinkende Zinsen auch die Aktienmärkte begünstigen. Die Trendumkehr der Zinsen sieht zuverlässig aus und wird von den Rohstoffen bestätigt. Auf Grund des festen Dollars und der wesentlich höheren Rendite sind US-Anleihen zur Zeit gegenüber DM-Anleihen zu bevorzugen, auch wenn der Kauf letzterer sicher ebenfalls kein Fehler wäre.

Die Rohstoffpreise haben gleichermaßen Entwarnung für die Zinsen gegeben. Gold, Moody- und Metall-Index bewegen sich fast im Sturzflug nach unten. Für die nächsten Monate ist daher mit einem weiteren kräftigen Sinken der Zinsen zu rechnen.

Der *Dow-Jones-Utility-Index* zeigt sich überraschenderweise trotz sinkender Zinsen und Preise noch recht gedrückt, scheint aber nunmehr eine Bodenbildung zu vollziehen. Ein Hinweis darauf, daß nun auch die Aktienmärkte im Kommen sind?

Der Dollar tendiert seit einigen Wochen praktisch geradlinig nach oben, vermutlich aufgrund seiner Zinsattraktivität. Er notiert damit schon weit über seiner Kaufkraft; eine deutliche Korrektur würde daher vermutlich nicht einmal negativ auf deutsche Aktien durchschlagen, sondern als Rückkehr zur Normalität gewertet werden. Natürlich schadet ein weiter steigender Dollar ebensowenig, solange die US-Wirtschaft dies nicht als Belastung empfindet und die Deutsche Bundesbank sich nicht zu Zinsanhebungen genötigt sieht.

Internationale Aktien notieren angesichts der positiven Indikatoren erstaunlich niedrig, zu erklären nur durch das hohe Zinsniveau. Besonders deutsche Aktien hätten bei einem starken Dollar eigentlich besser laufen müssen. Zur Zeit steht der Dollarkurs so hoch, daß er die deutsche Exportwirtschaft keinesfalls gefährden kann. Offenbar kann jedoch ein *zu* hoher Dollarkurs auch zu Vorsicht gegenüber DM-Anlagen führen. Dennoch sollte man deutsche Aktien nicht untergewichten: Sie werden unter solchen Umständen auch einmal interessant, wenn sich die DM von ihrem viel zu tiefen Niveau erholt, weil für Ausländer dann Währungsgewinne winken, ohne daß die deutsche Exportwirtschaft schon einen Schaden erlitte.

Das einzige, was Kaufwillige noch daran hindern könnte, massiv in Aktien einzusteigen, ist die Tatsache, daß die Anleihen bei derzeit hohen Renditen und Kurschancen ein geringeres Risiko als Aktien aufweisen. Man sollte daher beide Anlageformen nützen.

Zur Information

Von unserem Stichtag aus ging es an den Aktienmärkten gemessen an ihren Indizes folgendermaßen weiter:

	Deutschland	Schweiz	USA
1 Monat	+ 6 %	+ 5 %	+ 10 %
3 Monate	+ 15 %	+ 7 %	+ 8 %
6 Monate	+ 22 %	+ 15 %	- 4 %
10 Monate	+ 44 %	+ 22 %	+ 18 %

Trainingssatz 3

Trainingssatz 4

Abflauende US-Konjunktur bereitet Sorgen

31. Mai 1985

Schwierigkeitsgrad: ✦✦

Wirtschafts- und Börsenlage

Jüngste Konjunkturzahlen aus den USA deuten auf eine Abschwächung des dortigen Wirtschaftswachstums hin. Experten machen die hohen Importe für den Produktionsrückgang verantwortlich, während der hohe Dollarkurs den Exporteuren stark zusetzt.

In Europa gewinnt die Konjunktur erst langsam an Fahrt. Letzte Umfragen bei Unternehmen und Verbrauchern zeigen noch keinen Anstieg des Vertrauens in die Wirtschaftslage. Bei einzelnen Unternehmen wie zum Beispiel Volkswagen sieht es schon besser aus. Dort verzeichnet man einen ungewöhnlich hohen Auftragseingang und eine Kapazitätsauslastung von 95 Prozent.

Der sich in den USA abzeichnende Stillstand des Wachstums löst jedoch auch in Europa Befürchtungen aus, der Höhepunkt des derzeitigen Konjunkturzyklus könnte überschritten sein.

Sorgen bereitet auch wieder einmal die internationale Verschuldung. Ökonomen fragen sich, ob nach dem Zusammenbruch der drittgrößten argentinischen Bank die Stabilität des Kreditsystems noch gewährleistet ist.

Eine erneute Senkung der Leitzinsen durch die US-Zentralbank sorgte freilich seit Mitte Mai für einen beschleunigten Aufwärtstrend an allen internationalen Börsenplätzen. In Deutschland treiben gewaltige Auslandsorders die Aktienkurse von Gipfel zu Gipfel. Das rasante Tempo des Anstiegs wird manchem Börsianer bereits unheimlich. Denn nach einer langen, traumhaften Hausse sowohl in den USA als auch in Europa denken viele Investoren allmählich an Gewinnmitnahmen.

Andererseits: Die Inflationsraten der meisten Industriestaaten gehen seit über einem Jahr kontinuierlich zurück. Die auf den Werten von 21 Ländern beruhende durchschnittliche jährliche Preissteigerungsrate beträgt derzeit 4,3 Prozent. Noch vor einem Jahr waren es 5,2 Prozent.

Die Folge ist offenkundig: Die Anleihezinsen sinken! Soll man bei Zinsrückgängen Aktien verkaufen?

Beobachtet wird auch der Dollar. Sein Trend gilt unter Fachleuten nach wie vor als ungewiß. Die meisten Börsenprofis glauben aber, er habe seinen Gipfel erreicht. Sie sehen ihn in einem Abwärtstrendkanal.

Falls sich das bewahrheiten sollte: Könnte dies negative Impulse vor allem für deutsche Aktien zur Folge haben? Ist ein Rückgang von diesem hohen Niveau aus für Exportwerte schon gefährlich?

Anleihezinsen USA/Deutschland vom 01.06.84 bis 31.05.85

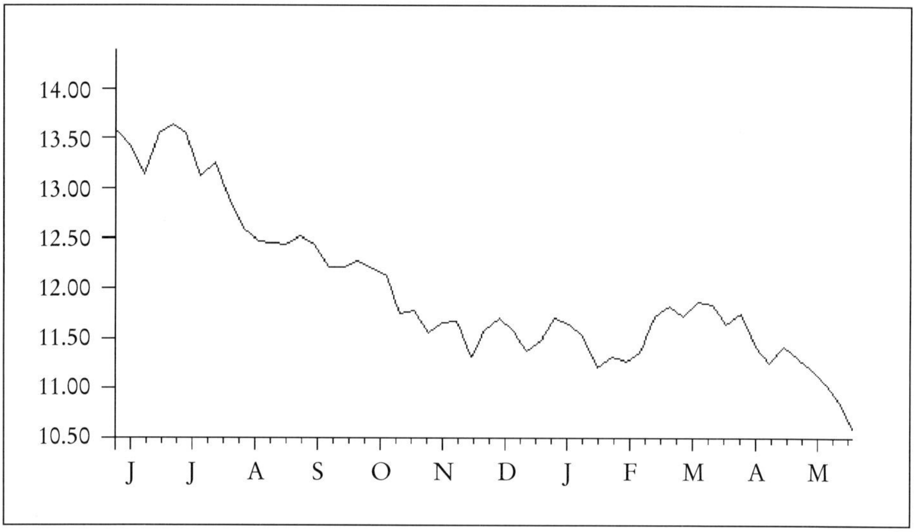

Rendite 30jährige US-T-Bonds

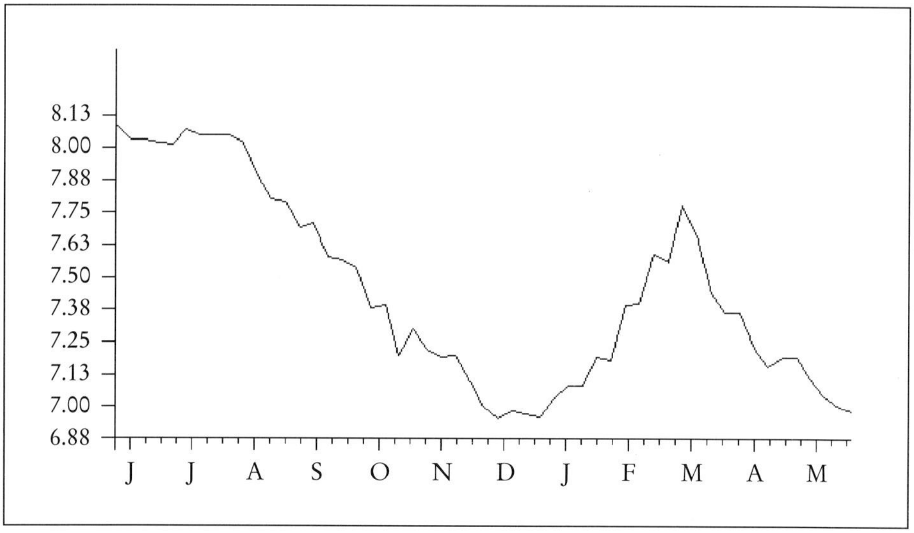

Umlaufrendite Anleihen Deutschland

Gold- und Metallpreise vom 01.06.84 bis 31.05.85

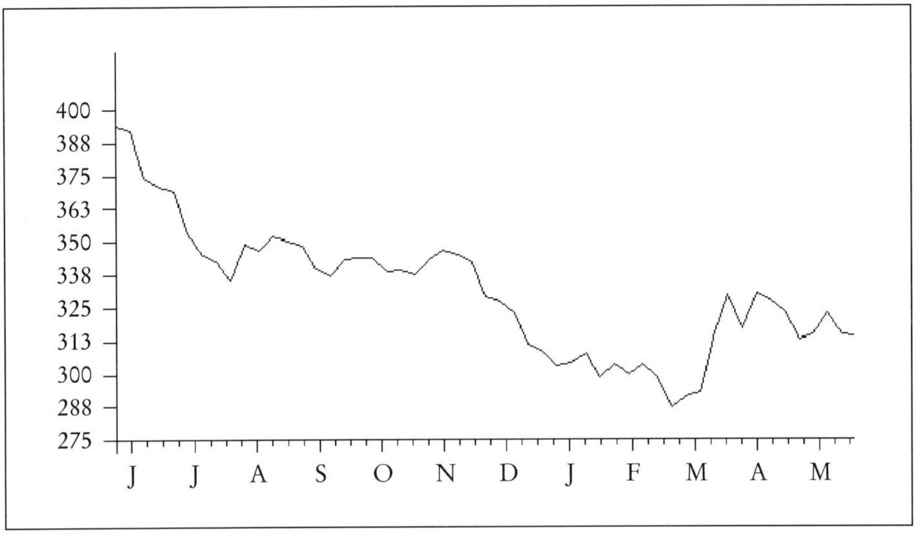

Gold $/Feinunze

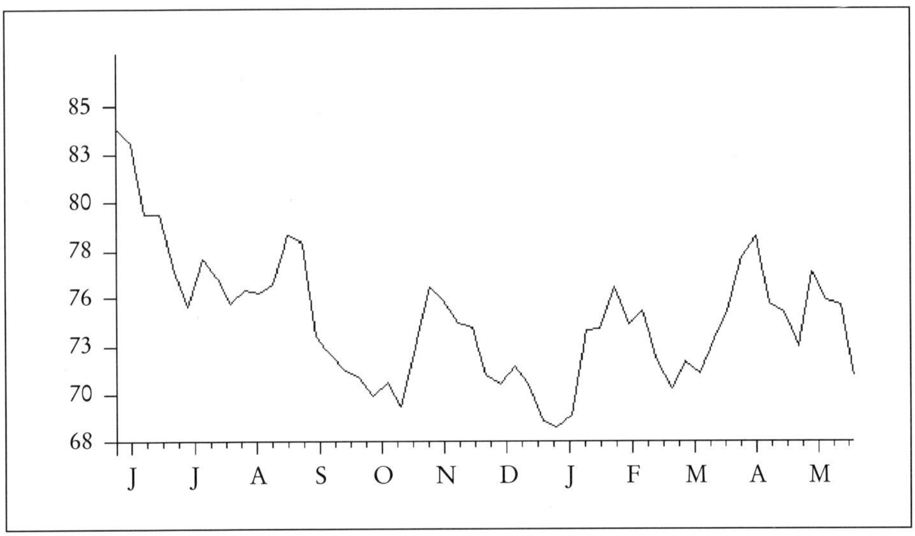

Metall-Index

Rohstoffpreise und US-Versorger vom 01.06.84 bis 31.05.85

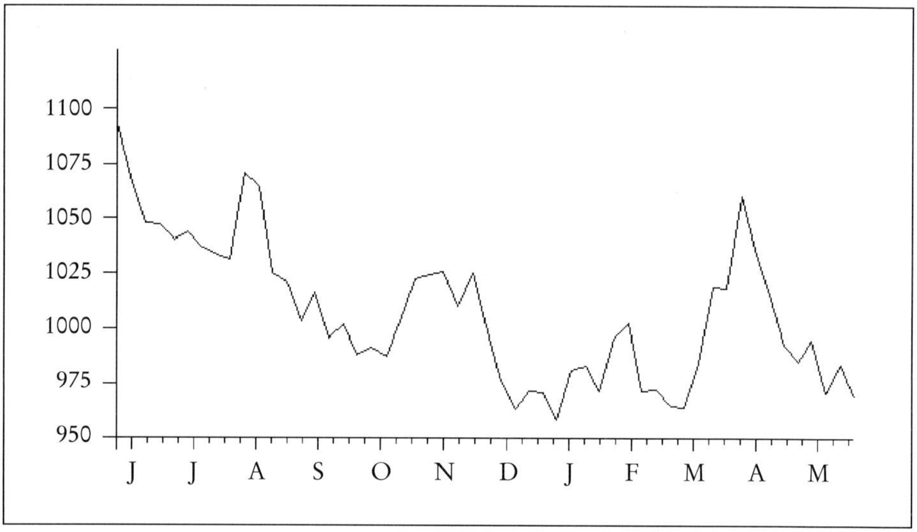

Moody-Index

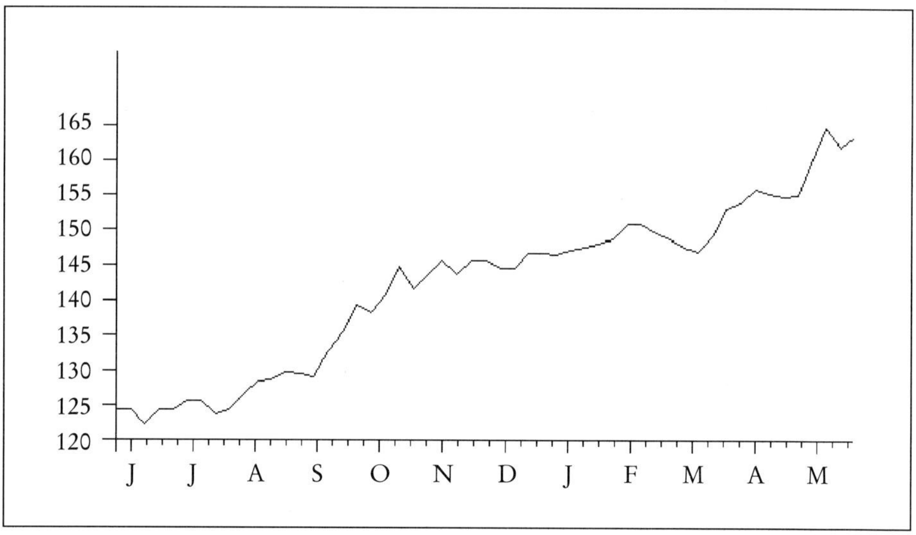

Dow-Jones-Utility-Index

US-Dollar vom 01.06.84 bis 31.05.85

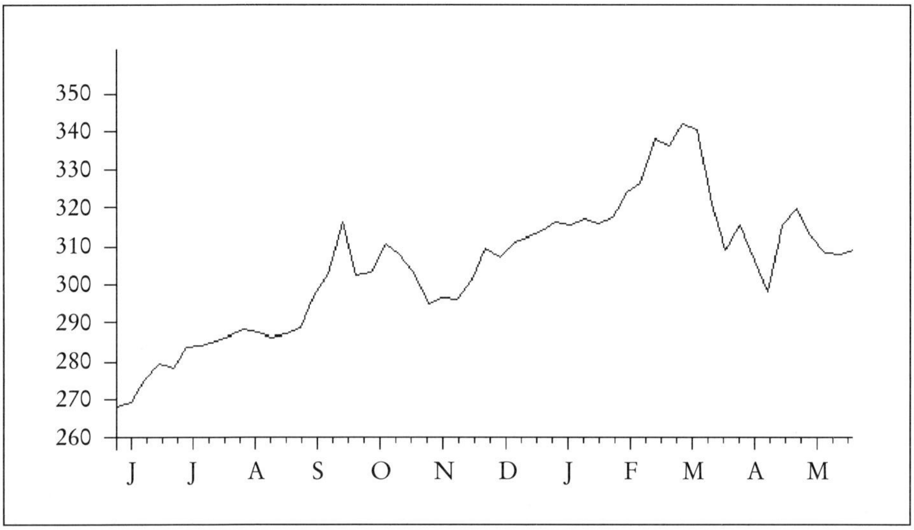

100 US-$ in DM

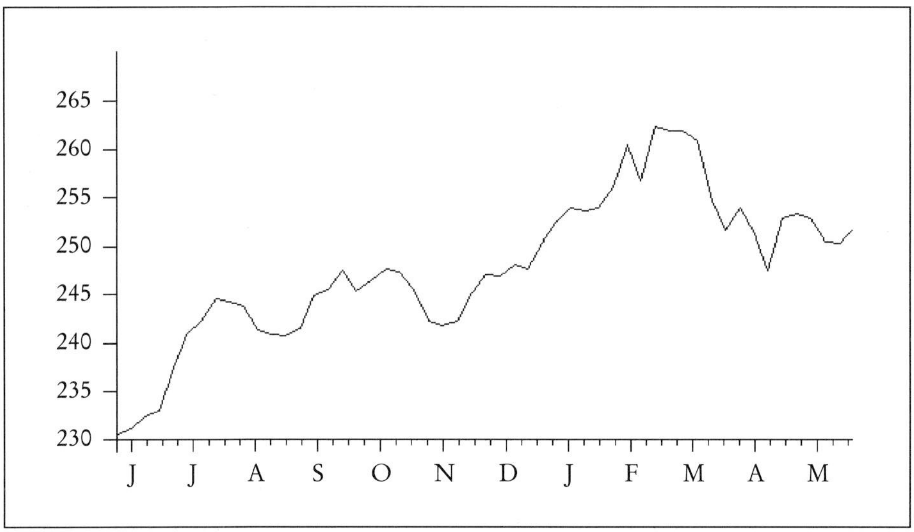

US-$ in Yen

Dow-Jones-Index und DAX vom 01.06.84 bis 31.05.85

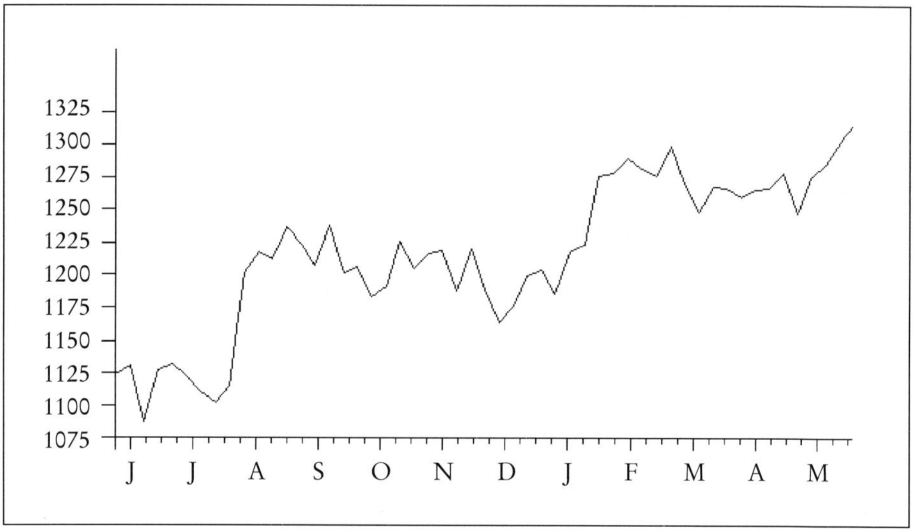

Dow-Jones-Index

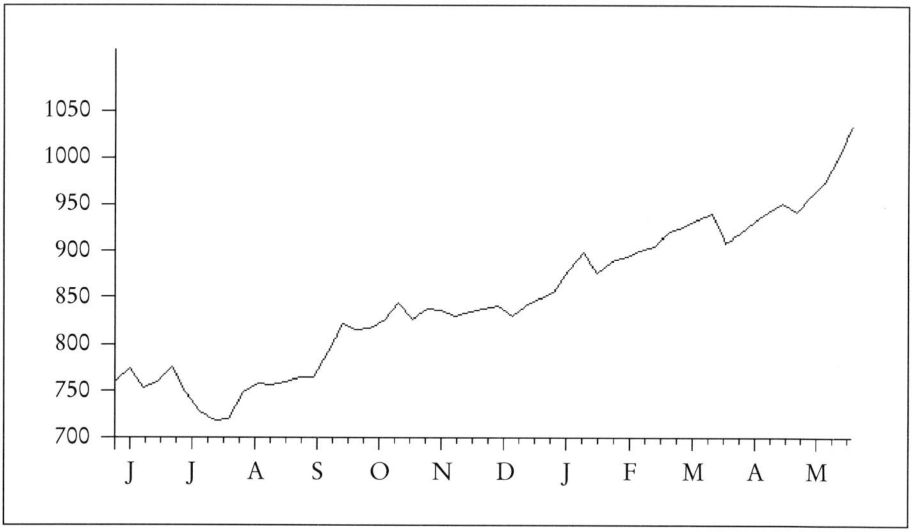

DAX

Kreuzen Sie bei »Aktien« und »Anleihen« an, welche der folgenden Empfehlungen Sie abgegeben hätten:

Aktien

- ○ weltweit uneingeschränkt kaufen
- ○ kaufen; US-Aktien übergewichten
- ○ kaufen; europäische Aktien übergewichten
- ○ weltweit gut haltenswert, Zukäufe möglich
- ○ weltweit gut haltenswert, Zukäufe in den USA möglich
- ○ weltweit gut haltenswert, Zukäufe in Europa möglich
- ○ in Europa Teilverkäufe, US-Aktien noch haltenswert
- ○ in den USA Teilverkäufe, europäische Aktien noch haltenswert
- ○ in Europa 50 Prozent und in den USA 25 Prozent der Aktien verkaufen
- ○ in den USA 50 Prozent und in Europa 25 Prozent der Aktien verkaufen
- ○ weltweit uneingeschränkt verkaufen

Anleihen

- ○ weltweit Anleihen mit langen Laufzeiten kaufen
- ○ weltweit Anleihen mit kurzen Laufzeiten kaufen
- ○ europäische Anleihen mit langen Laufzeiten kaufen
- ○ europäische Anleihen mit kurzen Laufzeiten kaufen
- ○ US-Anleihen mit langen Laufzeiten kaufen
- ○ US-Anleihen mit kurzen Laufzeiten kaufen
- ○ US-Anleihen noch halten, europäische Anleihen abstoßen
- ○ europäische Anleihen noch halten, US-Titel abstoßen
- ○ gegenüber Aktien zur Zeit eindeutig untergewichten

Empfehlung

Aktien:
weltweit gut haltenswert, Zukäufe in Europa möglich.

Anleihen:
europäische Anleihen mit langen Laufzeiten kaufen.

Begründung

Die Zinsen befinden sich deutlich auf dem Rückzug; das gilt nach einem überwundenen »Zinsbuckel« auch für deutsche Anleihen. Das Zinsniveau für US-Papiere ist mit gut 10 Prozent immer noch ansprechend. Aber da dem US-Dollar nun bei Kursen über 3 DM offenbar die Puste ausgeht, sollte man US-Anleihen wegen des Währungsrisikos untergewichten.

Die Rendite deutscher Anleihen liegt mit 7 Prozent zwar nicht mehr so hoch wie in den Jahren 1980 bis 1984, im historischen Vergleich aber noch über dem Durchschnitt. Daher sollten bei dem derzeit hohen Kursniveau am Aktienmarkt unbedingt auch Anleihen im Depot vertreten sein.

Die Rohstoffpreise melden keine Gefahr für Zinsen und Aktien. Zwar hat sich der Goldpreis von seinen Tiefkursen etwas lösen können; Metall- und Moody-Index verzeichnen aber noch keine Wende nach oben; es deutet sich allenfalls eine Bodenbildung an. Für die nächsten Monate scheint damit kein Anstieg bei Preisen und Zinsen in Sicht zu sein.

Der *Dow-Jones-Utility-Index* erreicht ein neues Hoch nach dem anderen und reagiert damit auf die freundliche Stimmung bei den Zinsen. Er liefert damit eine gute Vorgabe für die Aktienmärkte.

Der Dollar ist offenbar in eine Konsolidierungsphase, wenn nicht gar in eine Wendeformation eingetreten. Er befindet sich gegenüber DM und Yen aber auf einem so hohen Niveau, daß die deutsche Exportwirtschaft auch unter einem stärkeren Rückgang nicht leiden würde.

Internationale Aktien notieren inzwischen trotz der noch hohen Zinsen erstaunlicherweise zu Höchstkursen. Verkaufsignale gibt es aber nicht. Die einzige Gefahr bestünde beim Kauf von US-Aktien in einem sehr stark fallenden Dollar. Für den Käufer wäre dies dann unangenehm, wenn die Kursgewinne den Dollarrückgang nicht aufwiegten. So etwas kommt jedoch selten vor.

Jedenfalls sollte man europäische Aktien übergewichten. US-Anleger können diese dank des hohen Dollars nach wie vor sehr günstig erwerben. Und ein Rückgang des Dollarkurses von dem extrem hohen Niveau wird zur Zeit auch in Europa eher mit Erleichterung aufgenommen.

Zur Information

Von unserem Stichtag aus ging es an den Aktienmärkten gemessen an ihren Indizes folgendermaßen weiter:

	Deutschland	Schweiz	USA
1 Monat	+ 6 %	+ 6 %	+ 1 %
3 Monate	+ 9 %	+ 15 %	- 1 %
6 Monate	+ 28 %	+ 33 %	+ 7 %
11 Monate	+ 63 %	+ 51 %	+ 40 %

Trainingssatz 4

Trainingssatz 5

Fallen mit dem Dollar auch die Aktienkurse?

25. April 1986

Schwierigkeitsgrad: ✦✦✦

Wirtschafts- und Börsenlage

Nach Ansicht der wirtschaftswissenschaftlichen Forschungsinstitute steht die weitere weltwirtschaftliche Entwicklung unter günstigen Vorzeichen. Dank des Dollarrückgangs und einer Preishalbierung beim Rohöl seit Herbst 1985 haben sich die Einfuhrpreise beispielsweise in Deutschland stark reduziert. Sie liegen derzeit um 18 Prozent unter dem Vorjahresniveau. Die Inflationsrate, gemessen an den Verbraucherpreisen, liegt bei null Prozent.

Andererseits stehen Ölexportländer mit hoher Verschuldung, wie zum Beispiel die Sowjetunion, vor schwerwiegenden Finanzproblemen. Sie müssen ihre Einfuhren einschränken, was zu einer Abschwächung der Nachfrage nach Industriegütern führen könnte.

Irritiert zeigen sich die Anleger aber von der *anhaltenden* Dollarschwäche, die vor einem Jahr bei Dollarkursen über 3 DM noch erwünscht war, nun aber allmählich europäischen Exporteuren zu schaffen macht – zumal sich kein Ende dieses Trends abzeichnet.

Innerhalb des europäischen Währungssystems mußte die DM Anfang April bereits geringfügig aufgewertet werden. Börsianer fürchten nun, daß sich diese Entwicklung fortsetzen werde, wenn sich weiterhin Anleger aus Sorge vor Währungsverlusten mit Dollaranlagen in die DM flüchten.

Sind die Aktienkurse in Europa und vor allem in Deutschland noch gerechtfertigt? Wir haben eine Aktienhausse erlebt, wie sie nur alle zehn bis zwanzig Jahre wiederkehrt. Deutsche Aktien haben sich allein in den letzten zwölf Monaten verdoppelt, US-Aktien sind um über 50 Prozent gestiegen. Beide Anstiege erfolgten bereits von historischen Höchstständen aus.

Daneben ist die DM im Verhältnis zum Dollar ebenfalls um 45 Prozent gestiegen. Das heißt: Ein Amerikaner, der vor 12 Monaten deutsche Aktien kaufte, sitzt jetzt auf Kursgewinnen von durchschnittlich 145 Prozent auf

Dollarbasis, während ein deutscher Anleger, der US-Aktien kaufte, in DM gerechnet nur um gut 5 Prozent zulegen konnte.

Sind die europäischen Unternehmen den amerikanischen so stark überlegen? Oder steigt vielmehr jetzt nicht die Versuchung, in US-Aktien umzuschichten? Aber kann man US-Aktien kaufen, wenn der Dollar ungebremst weiter fällt?

Anleihezinsen USA/Deutschland vom 26.04.85 bis 25.04.86

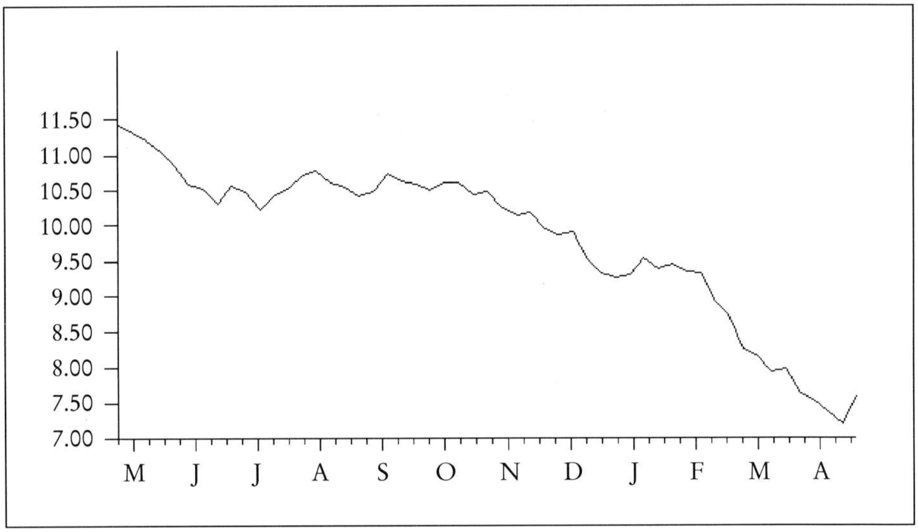

Rendite 30jährige US-T-Bonds

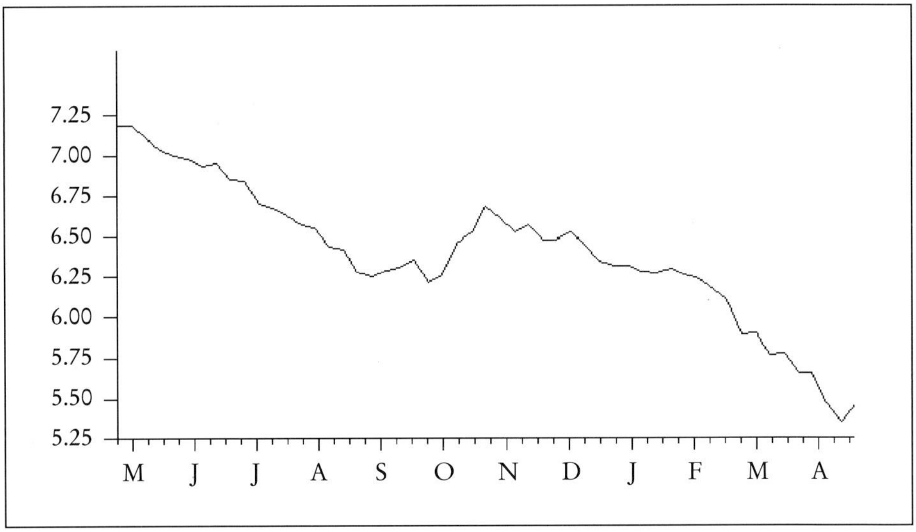

Umlaufrendite Anleihen Deutschland

Gold- und Metallpreise vom 26.04.85 bis 25.04.86

Gold $/Feinunze

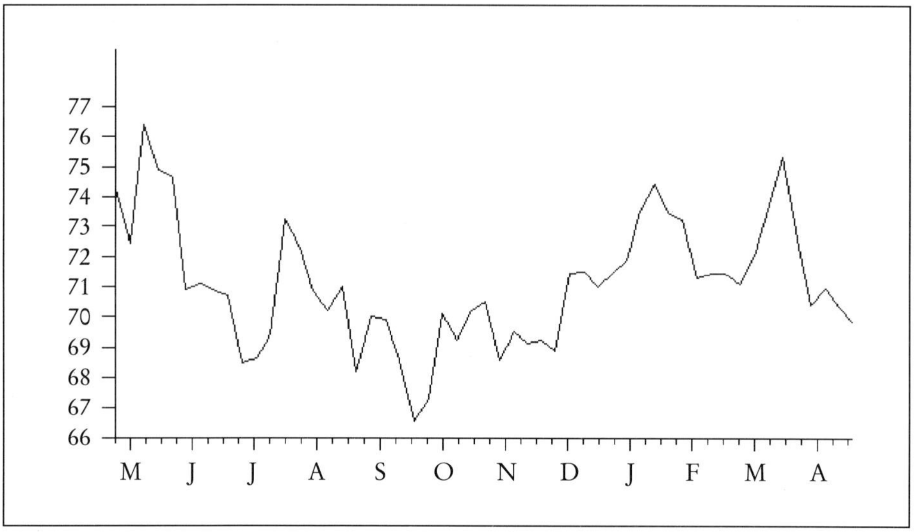

Metall-Index

Rohstoffpreise und US-Versorger vom 26.04.85 bis 25.04.86

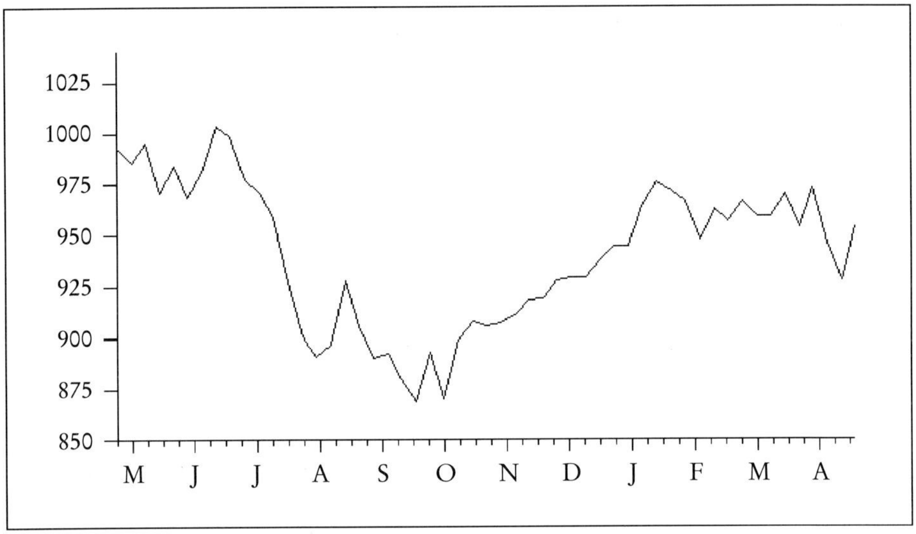

Moody-Index

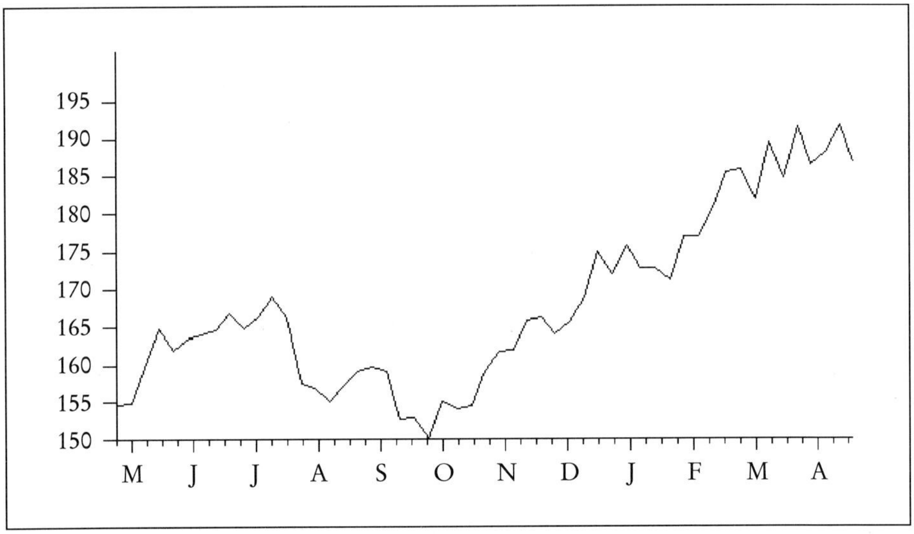

Dow-Jones-Utility-Index

US-Dollar vom 26.04.85 bis 25.04.86

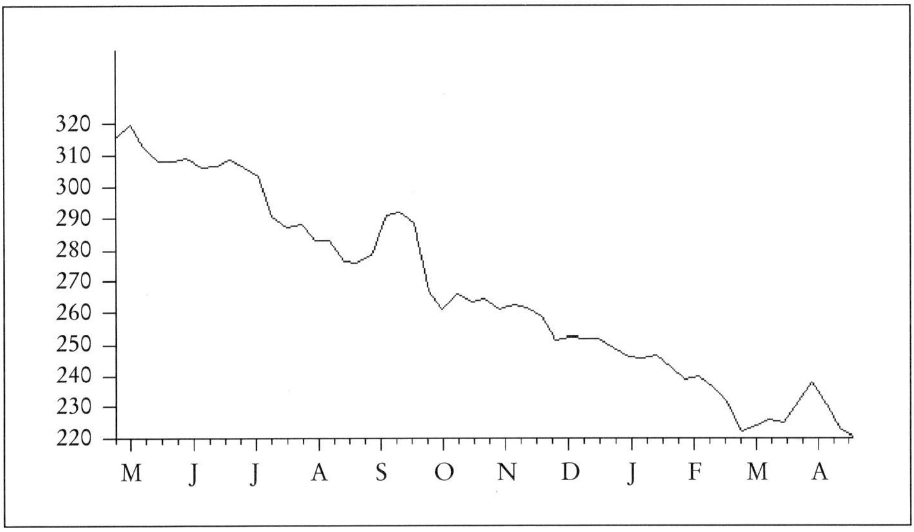

100 US-$ in DM

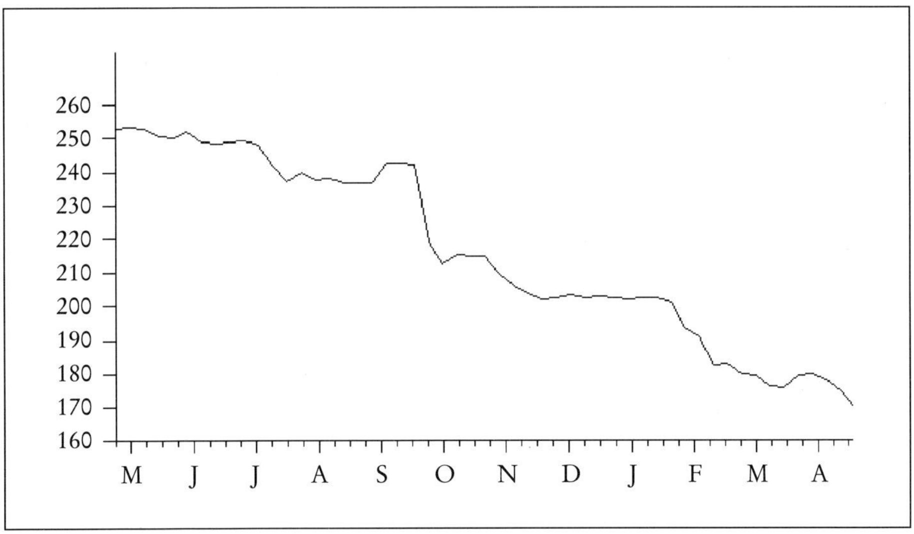

US-$ in Yen

Dow-Jones-Index und DAX vom 26.04.85 bis 25.04.86

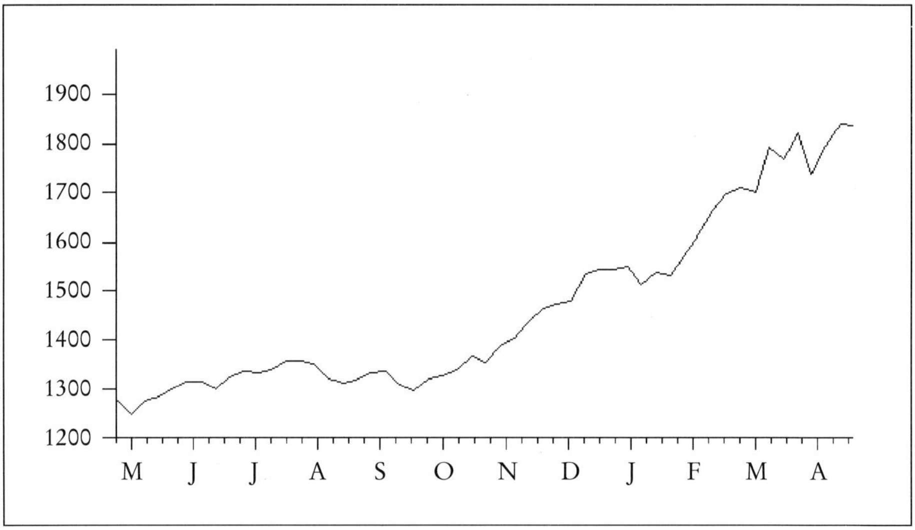

Dow-Jones-Index

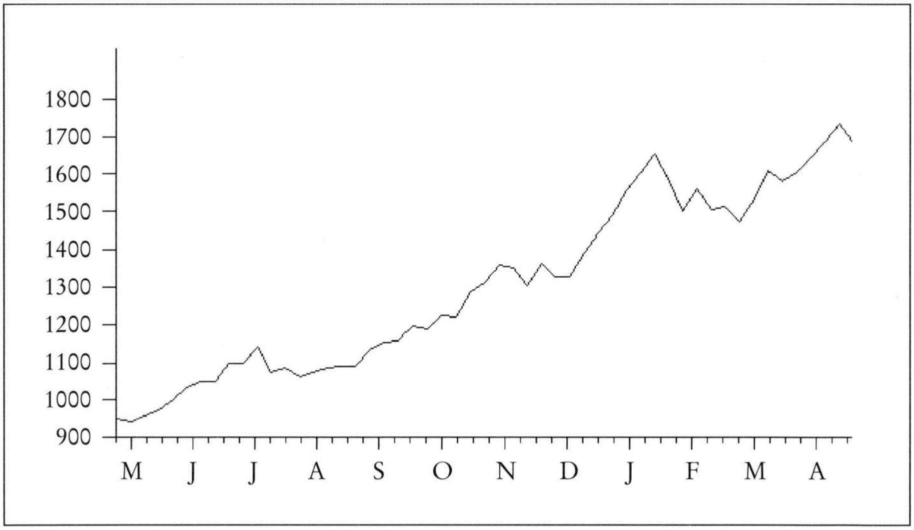

DAX

Kreuzen Sie bei »Aktien« und »Anleihen« an, welche der folgenden Empfehlungen Sie abgegeben hätten:

Aktien

○ weltweit uneingeschränkt kaufen
○ kaufen; US-Aktien übergewichten
○ kaufen; europäische Aktien übergewichten
○ weltweit gut haltenswert, Zukäufe möglich
○ weltweit gut haltenswert, Zukäufe in den USA möglich
○ weltweit gut haltenswert, Zukäufe in Europa möglich
○ in Europa Teilverkäufe, US-Aktien noch haltenswert
○ in den USA Teilverkäufe, europäische Aktien noch haltenswert
○ in Europa 50 Prozent und in den USA 25 Prozent der Aktien verkaufen
○ in den USA 50 Prozent und in Europa 25 Prozent der Aktien verkaufen
○ weltweit uneingeschränkt verkaufen

Anleihen

○ weltweit Anleihen mit langen Laufzeiten kaufen
○ weltweit Anleihen mit kurzen Laufzeiten kaufen
○ europäische Anleihen mit langen Laufzeiten kaufen
○ europäische Anleihen mit kurzen Laufzeiten kaufen
○ US-Anleihen mit langen Laufzeiten kaufen
○ US-Anleihen mit kurzen Laufzeiten kaufen
○ US-Anleihen noch halten, europäische Anleihen abstoßen
○ europäische Anleihen noch halten, US-Titel abstoßen
○ gegenüber Aktien zur Zeit eindeutig untergewichten

Empfehlung

Aktien:
in Europa Teilverkäufe, US-Aktien noch haltenswert.

Anleihen:
europäische Anleihen mit kurzen Laufzeiten kaufen.

Begründung

Die Zinsen haben eine kräftige Talfahrt hinter sich; die kleinen Aufwärtshaken am Ende der Graphiken sind noch nicht als Wende nach oben zu interpretieren. Freilich ist das Zinsniveau schon so tief gefallen, daß es nicht mehr zum Kauf von Langläufern lockt. In Deutschland haben wir beinahe wieder das langjährige Zinstief von 5 Prozent aus dem Jahre 1978 erreicht. Nunmehr sollte man lieber in Kurzläufer (1 bis 3 Jahre Restlaufzeit) investieren. US-Anleihen bleiben trotz der etwas höheren Rendite von 7 Prozent uninteressant, solange beim fallenden Dollar noch kein Boden erkennbar ist.

Wer noch Langläufer hält, muß sich jedoch nicht überhastet davon trennen, denn auch die Preise melden noch keinen Aufwärtstrend.

Die Rohstoffpreise haben ihre Schwäche noch nicht überwunden. Der Metall-Index fällt, der Moody-Index ist anfällig für Korrekturen. Der Goldpreis überzeugt nicht; er müßte in Dollar gerechnet wegen dessen Kursverfall wesentlich höher notieren. So gesehen droht bei den Zinsen noch keine baldige Wende nach oben.

Der Dow-Jones-Utility-Index tendiert als Folge der gesunkenen Zinsen sehr stark aufwärts; eine Trendwende ist trotz seines hohen Niveaus noch nicht abzusehen. Damit sollte die Tendenz auch an den US-Aktienmärkten freundlich bleiben.

Der Dollar bereitet Sorge. Die bisherige Talfahrt hat deutschen Aktien nicht geschadet, da der Dollar weit über seiner Kaufkraft notiert hatte. Ein Rückgang war erwünscht und kam durch Käufe von Ausländern, die in die starke DM flüchteten, sogar deutschen Aktien zugute.

Allerdings scheint es, als setze sich die Dollar-Talfahrt ungebremst fort.

Auch gegenüber dem Yen wurden unlängst neue Tiefkurse gemeldet. Der Dollarverfall gefährdet nun nicht nur allmählich die deutsche Exportindustrie (die zusätzlich darunter leidet, daß die DM als Fluchtwährung auch gegenüber europäischen Währungen aufwertet), sondern führt nach den ohnehin starken Kursgewinnen deutscher Aktien die Ausländer zusätzlich in Versuchung, ihre hohen Währungsgewinne mitzunehmen.

Internationale Aktien aus dem Dollarbereich sind aufgrund der freundlichen Zinsen und der noch keineswegs eindeutig steigenden Preise weiter gut haltenswert, trotz des schon hohen Niveaus. Ein schwacher Dollar schadet US-Aktien wesentlich weniger als europäischen Titeln. Zwar scheint es riskant, bei fallendem Dollar US-Aktien zu halten, weil diese ja in DM gerechnet mit dem Dollar im Kurs fallen. Andererseits werden sie mit jedem Dollarrückgang in ihrer Konkurrenzfähigkeit gegenüber europäischen Aktien gestärkt. Bedingt durch den starken Kursverfall des Dollars sind Dollaraktien ja bereits deutlich preiswerter als etwa vor 12 Monaten!

Solange die Zinsen nicht steigen, wäre ein völliger Ausstieg aus europäischen Aktien nicht gerechtfertigt. Aber ein Teilverkauf deutscher und anderer europäischer Aktien sollte aufgrund des schwachen Dollars und drohender Gewinnmitnahmen jetzt ernsthaft erwogen werden. Wenn ein Aktienindex in *einem* Jahr 100 Prozent zulegen kann und die Landeswährung darüber hinaus noch 45 Prozent zulegt, ist der Markt extrem anfällig für Korrekturen, auch bei gesunkenen Zinsen.

Zur Information

Von unserem Stichtag aus ging es an den Aktienmärkten gemessen an ihren Indizes folgendermaßen weiter:

	Deutschland	Schweiz	USA
1 Monat	- 10 %	- 2 %	+ 2 %
3 Monate	- 16 %	- 8 %	- 1 %
6 Monate	- 9 %	+ 1 %	+ 1 %
17 Monate	- 11 %	+ 14 %	+ 40 %

Trainingssatz 5

Trainingssatz 6

Aktien trotz steigender Zinsen vor neuem Boom?

25. September 1987

Schwierigkeitsgrad: ✦

Wirtschafts- und Börsenlage

Nachdem bis Mitte April 1986 die europäischen Aktien, allen voran die deutschen und österreichischen, ein Kursfeuerwerk geboten hatten, setzten seit Herbst 1986 die US-Aktien zu einer grandiosen Aufholjagd an. Teilweise konnten sie dabei die Europäer wieder mit nach oben ziehen. Der deutsche Aktienindex hat aber bis jetzt seine bisherigen Höchststände vom April 1986 noch nicht wieder erreicht. Nur eine Frage der Zeit?

Drei große Wolken überschatten nach wie vor die Weltwirtschaft:

1. Die ohnehin sehr hohen Auslandsschulden der Entwicklungsländer steigen weiter an.
2. Das Handelsbilanzdefizit der USA gegenüber Japan und Europa bleibt hoch. Sobald die US-Nachfrage nach Importgütern abnimmt, weil diese aufgrund des fallenden Dollars zu teuer werden, ist eine Konjunkturkrise vorprogrammiert.
3. Die zunehmende Arbeitslosigkeit in der gesamten westlichen Welt wird ebenfalls einen Nachfrageausfall zur Folge haben.

Dennoch herrscht überwiegend Optimismus an den Aktienmärkten. Die soeben erschienene Oktober-Ausgabe der Zeitschrift *Capital* trägt die Schlagzeile: »Nutzen Sie jetzt Ihre Chance. 50 Aktien vor neuem Boom.«

Zwar wachse das Rückschlagsrisiko. Aber dagegen gebe es, so *Capital*, ein probates Mittel: Qualitätsaktien, sogenannte »Blue Chips«: »Die Gelddisponenten setzen durchweg noch auf die Hausse. Einer, der es besonders wissen muß, ist Ernst Bracker – erfolgreicher Chef der größten deutschen Fondgesellschaft, der DWS in Frankfurt« (*Capital* 10/87, S. 99). Bracker empfiehlt unter den deutschen »Blue Chips« Allianz, BASF, Bayer, BMW, Deutsche Bank, Hoechst, Karstadt, Mannesmann und Siemens zum Kauf. (Eine solche Zusammensetzung entwickelt sich erfahrungsgemäß im Trend ähnlich wie der DAX.)

An Schweizer Papieren nennen Bracker und *Capital* Nestle, Sandoz, Ciba-Geigy und Schweizerische Bankgesellschaft – letztlich gleichbedeutend mit einer Empfehlung, den Index zu kaufen.

Als Grund für diesen Optimismus führt *Capital* einen angeblich starken Nachholbedarf an. Im Jahre 1987 sind US-Aktien und Japan-Aktien tatsächlich um mehr als 30 Prozent, britische gar um fast 40 Prozent gestiegen. Demgegenüber haben deutsche und schweizerische Aktien seit Jahresanfang so gut wie nicht zulegen können.

Es gibt auch andere Meinungen. Eine Minderheit von Börsenanalysten weist auf die gestiegenen Zinsen und das international wiederum stark gestiegene Kursniveau an den Aktienmärkten hin, meint, daß es so nicht weitergehen könne, und hält eine Rückschlagsphase für gekommen.

Wer hat recht?

Anleihezinsen USA/Deutschland vom 26.09.86 bis 25.09.87

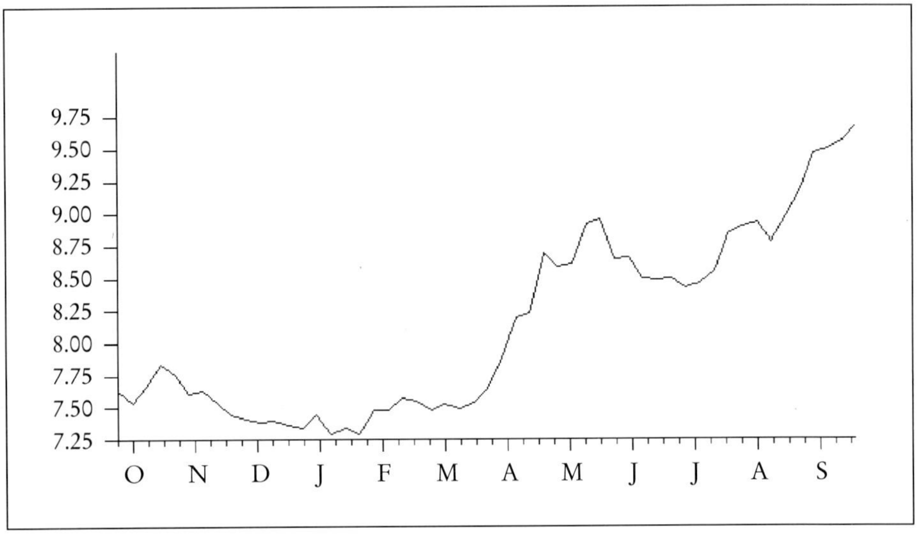

Rendite 30jährige US-T-Bonds

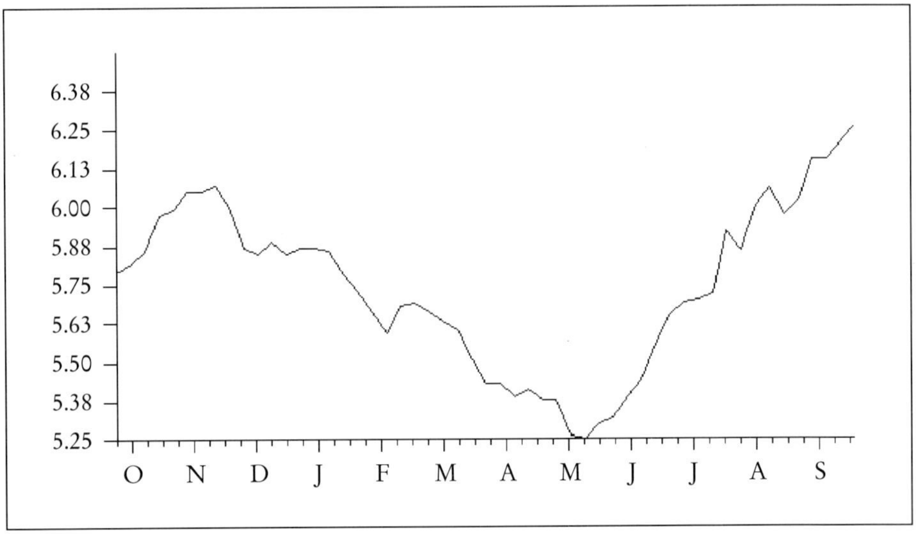

Umlaufrendite Anleihen Deutschland

Gold- und Metallpreise vom 26.09.86 bis 25.09.87

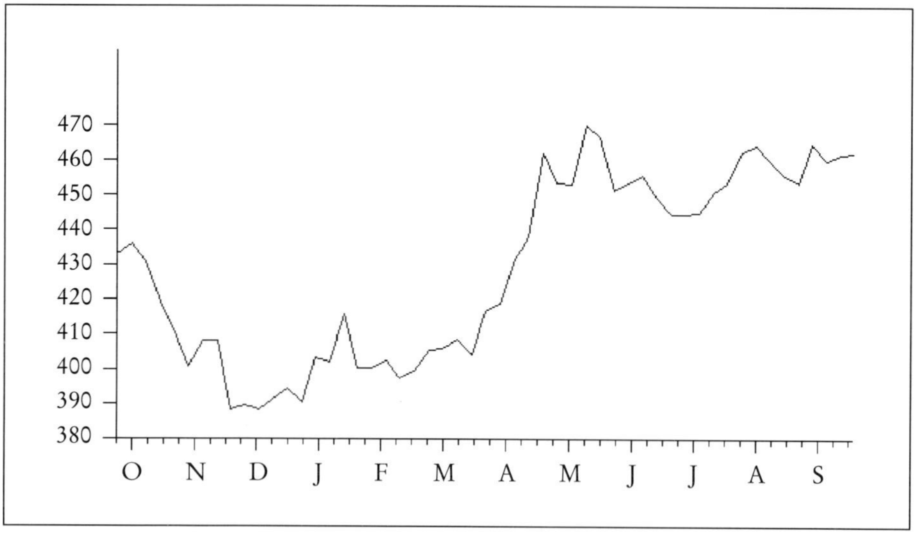

Gold $/Feinunze

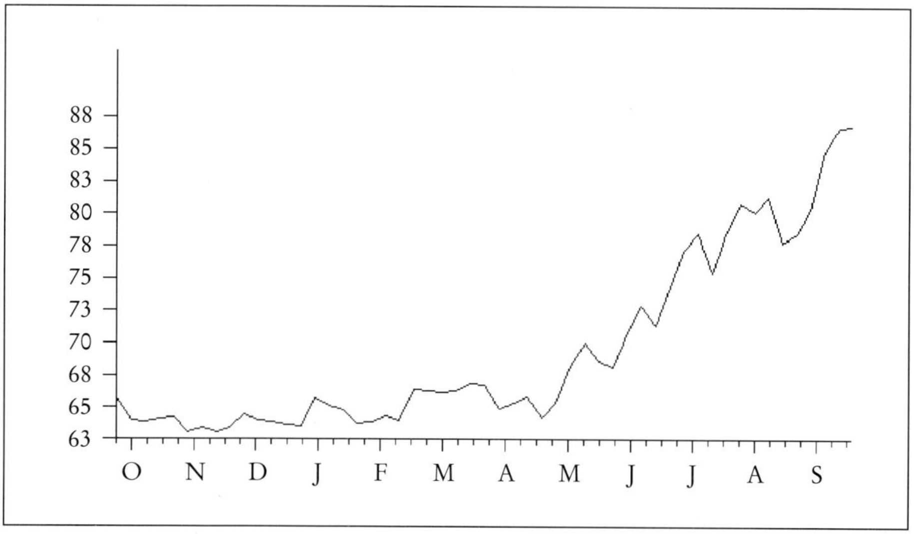

Metall-Index

Rohstoffpreise und US-Versorger vom 26.09.86 bis 25.09.87

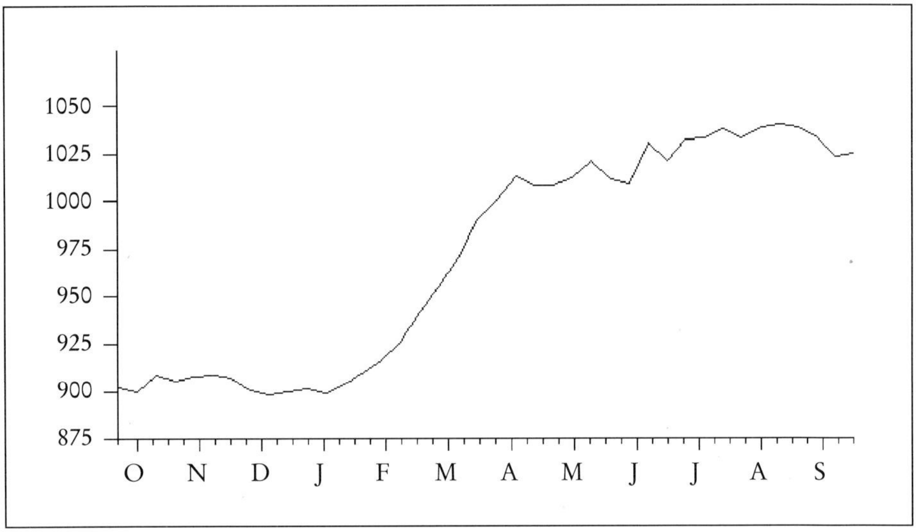

Moody-Index

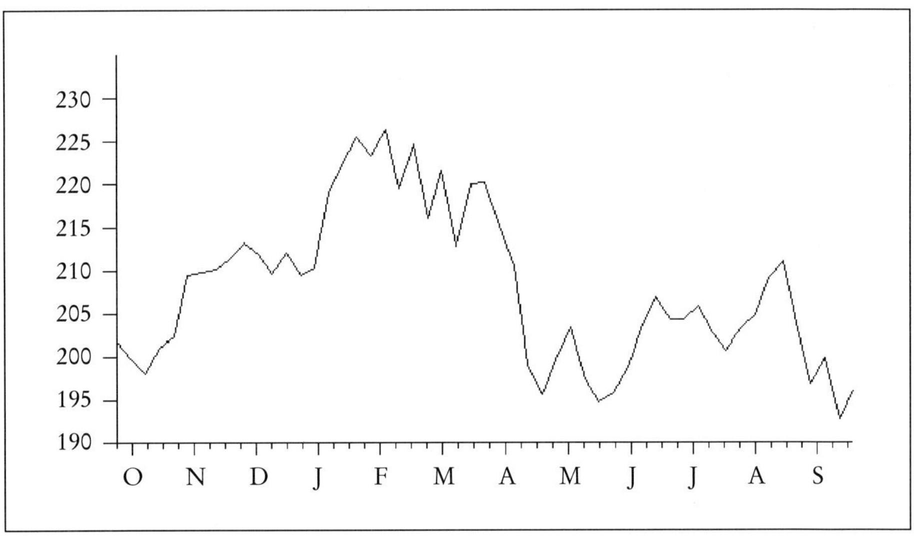

Dow-Jones-Utility-Index

US-Dollar vom 26.09.86 bis 25.09.87

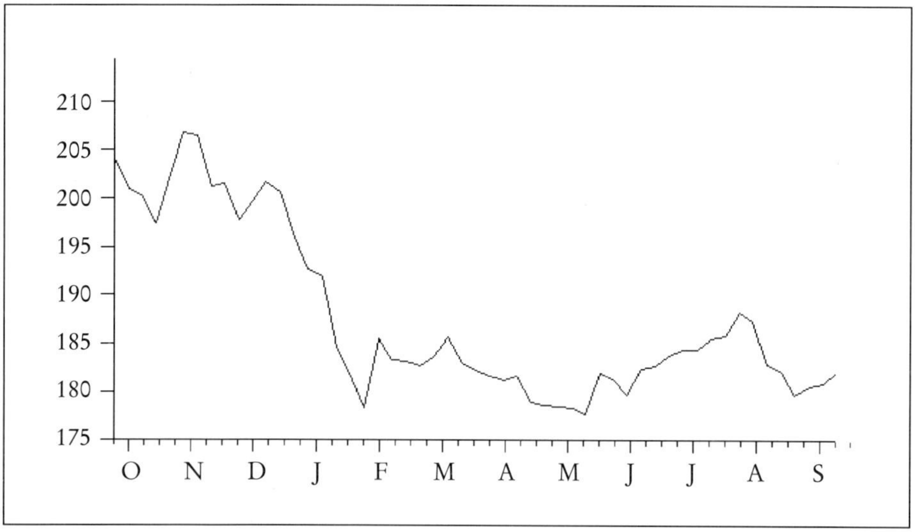

100 US-$ in DM

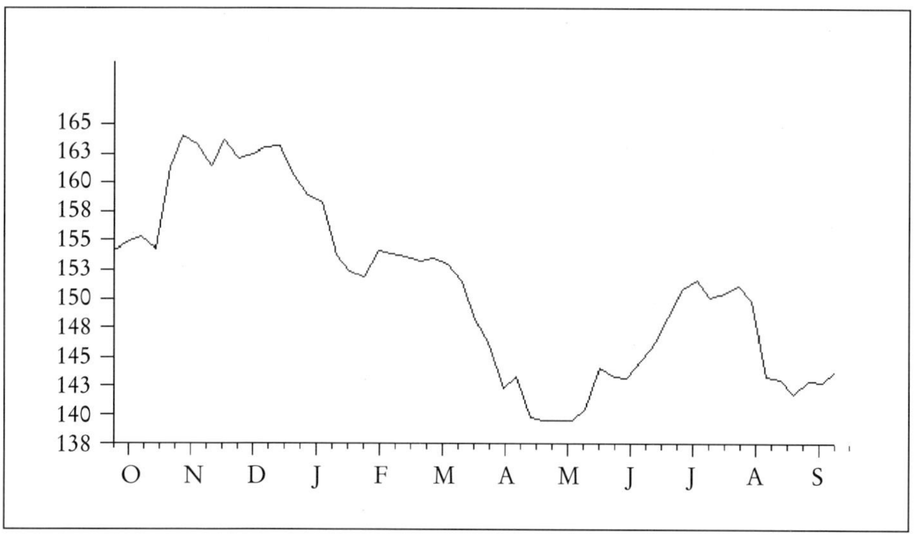

US-$ in Yen

Dow-Jones-Index und DAX vom 26.09.86 bis 25.09.87

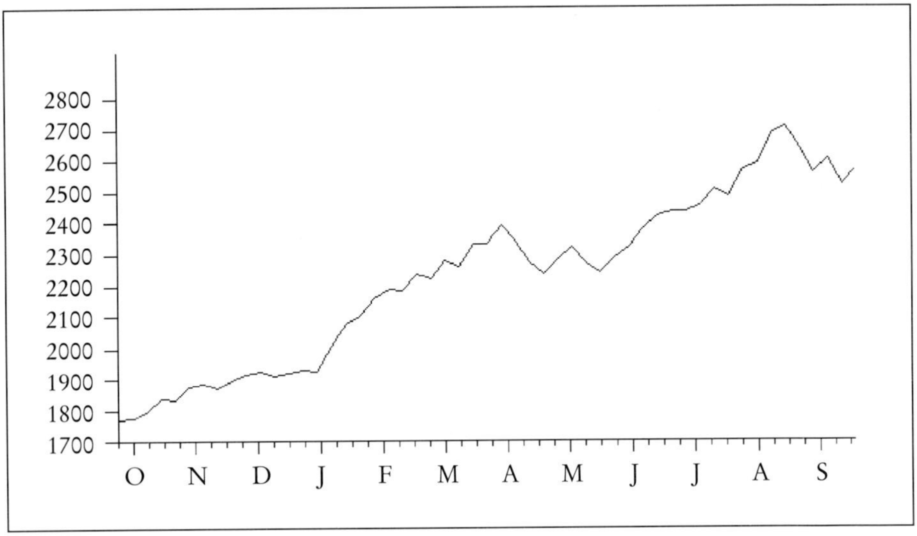

Dow-Jones-Index

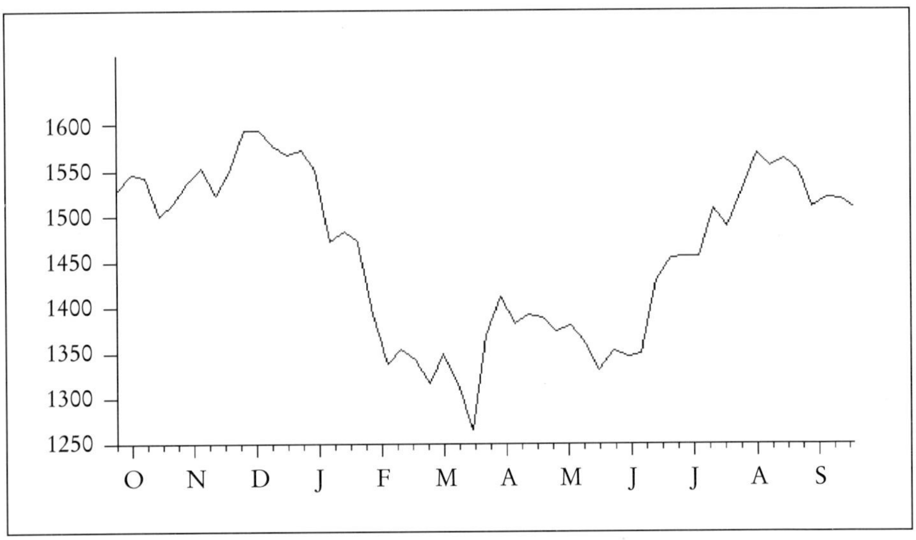

DAX

Kreuzen Sie bei »Aktien« und »Anleihen« an, welche der folgenden Empfehlungen Sie abgegeben hätten:

Aktien

- ○ weltweit uneingeschränkt kaufen
- ○ kaufen; US-Aktien übergewichten
- ○ kaufen; europäische Aktien übergewichten
- ○ weltweit gut haltenswert, Zukäufe möglich
- ○ weltweit gut haltenswert, Zukäufe in den USA möglich
- ○ weltweit gut haltenswert, Zukäufe in Europa möglich
- ○ in Europa Teilverkäufe, US-Aktien noch haltenswert
- ○ in den USA Teilverkäufe, europäische Aktien noch haltenswert
- ○ in Europa 50 Prozent und in den USA 25 Prozent der Aktien verkaufen
- ○ in den USA 50 Prozent und in Europa 25 Prozent der Aktien verkaufen
- ○ weltweit uneingeschränkt verkaufen

Anleihen

- ○ weltweit Anleihen mit langen Laufzeiten kaufen
- ○ weltweit Anleihen mit kurzen Laufzeiten kaufen
- ○ europäische Anleihen mit langen Laufzeiten kaufen
- ○ europäische Anleihen mit kurzen Laufzeiten kaufen
- ○ US-Anleihen mit langen Laufzeiten kaufen
- ○ US-Anleihen mit kurzen Laufzeiten kaufen
- ○ US-Anleihen noch halten, europäische Anleihen abstoßen
- ○ europäische Anleihen noch halten, US-Titel abstoßen
- ○ gegenüber Aktien zur Zeit eindeutig untergewichten

Empfehlung

Aktien:
weltweit uneingeschränkt verkaufen.

Anleihen:
weltweit Anleihen mit kurzen Laufzeiten kaufen.

Begründung

Die Zinsen erreichen ständig neue Hochs. Für die Aktienmärkte sind derart rasante Zinsanstiege ein Alarmsignal ersten Ranges.

Aber wenn man seine Aktien verkauft, wohin mit dem zurückgeflossenen Kapital? Bei steigenden Zinsen sollte man festverzinsliche Wertpapiere mit einer Laufzeit von über vier Jahren meiden.

Auch wenn die Renditen nicht sehr attraktiv sind, empfiehlt es sich doch, sein Anlagekapital in Kurzläufern (Laufzeit 1 bis 3 Jahre) oder auch in Festgeldanlagen zu parken, bis ein deutlicher Umschwung am Anleihemarkt eingetreten ist. Der US-Dollar (s. u.) könnte Boden gefunden haben, so daß man bei den Anleihekäufen auch das höhere US-Zinsniveau ausnutzen könnte. Daher neben europäischen durchaus auch kurzfristige US-Bonds kaufen!

Die Rohstoffpreise tendieren eher nach oben, so daß mit weiteren Zinsanstiegen gerechnet werden muß.

Der Dow-Jones-Utility-Index hat zuletzt ein neues Tief erreicht und damit eine Aktienbaisse signalisiert, die noch nicht eingetreten ist. Ob der letzte Aufwärtshaken der Indexkurve eine Wende bedeutet, muß noch abgewartet werden; er darf zumindest jetzt noch nicht positiv interpretiert werden.

Der Dollar tendiert momentan seitwärts. Damit droht von der Währungsseite her zwar keine Gefahr, aber es tritt auch keine Entlastung ein. (Nur bei klarem Anstieg der Dollarkurse ergäbe sich hier gegenüber den anderen Indikatoren ein gewisses Gegengewicht.)

Internationale Aktien haben auf die bedrohliche Situation bisher erst wenig reagiert. Vielmehr haben deutsche Aktien seit dem Frühjahr sogar wieder Boden gutgemacht und ein beträchtliches Niveau erreicht. Man kann jetzt also überall noch zu hohen Kursen aussteigen.

Manche Analysten weisen darauf hin, daß sich Gold- und Metallaktien bei steigenden Zinsen meist besser als der Durchschnittsmarkt behaupten. Andererseits besteht die Gefahr, daß auch sie von einer stärkeren Weltbaisse mit nach unten gezogen werden. Im allgemeinen entwickeln sich Goldaktien nur solange stark, wie der Goldpreis nach oben zeigt (inzwischen stagniert er) und die Zinsen noch nicht deutlich steigen. Das ist aber bereits der Fall. Vorsichtshalber sollte man also auch Goldminenwerte verkaufen.

Zur Information

Von unserem Stichtag aus ging es an den Aktienmärkten gemessen an ihren Indizes folgendermaßen weiter:

	Deutschland	Schweiz	USA
1 Monat	- 22 %	- 22 %	- 21 %
3 Monate	- 34 %	- 32 %	- 23 %
4 Monate	- 38 %	- 33 %	- 24 %

Trainingssatz 6

Trainingssatz 7

Schlechte Stimmung bei Niedrigkursen

29. Januar 1988

Schwierigkeitsgrad: ✦

Wirtschafts- und Börsenlage

Die Aktien in aller Welt haben seit Oktober einen schweren Crash erlebt. Die US-Aktien erlitten ihn an *einem* Tag (dem 19. Oktober 1987), die europäischen Aktien in mehreren Schritten, die sich bis Januar hinzogen.

Inzwischen ist die Stimmung auf dem Nullpunkt angelangt, und es wird bezweifelt, daß es im laufenden Jahr zu einer dauerhaften Kurserholung kommt. Andererseits sind die meisten Börsenbeobachter davon überzeugt, daß mit erneuten schweren Kurseinbrüchen wohl nicht mehr zu rechnen ist.

Wenn es stimmt, daß Aktientrends einen Frühindikator für weltwirtschaftliche Entwicklungen darstellen, dann müßten jetzt allmählich erste Hinweise auf eine Konjunkturabkühlung erkennbar sein.

In der Tat verzeichnet man in den USA eine Verlangsamung des Anstiegs der Konsumentenausgaben und einen Rückgang des Konsumentenvertrauens. Deshalb sinken jetzt auch die Zinsen. US-Anlagemanager meiden Aktien und legen ihre Gelder lieber in Anleihen an. Weder ein geringer Inflationsanstieg noch sinkende Zinsen noch die jüngste Erholung des Dollars noch gute Unternehmensmeldungen können derzeit Anleger zu Aktienkäufen verlocken. Ungünstige Zahlen bei IBM bestätigen die Aktionäre in ihrer Zurückhaltung; die IBM-Aktie verlor vor kurzem an einem Tag rund 8 Prozent ihres Kurswerts.

Andererseits kommt es in den USA zu einer Welle von Übernahmeversuchen. Eastman Kodak und Black & Decker bieten Aktionären von Übernahmekandidaten wesentlich höhere Preise als die aktuellen Kurse. Ist das ein Zeichen dafür, daß US-Aktien *im allgemeinen* derzeit zu niedrig bewertet sind? Das meinen offenbar nicht alle Analysten, denn Eastman Kodak wurde für sein Übernahmeangebot prompt mit einem eigenen Kursverlust von 10 Prozent bestraft.

In Europa fehlt zur Zeit ebenfalls der nötige Schwung an den Aktienmärkten. Die allgemeine Unsicherheit über die weitere Zins- und Konjunkturentwicklung hat sich immer noch nicht gelegt. Auch die Ungewißheit über den künftigen Trend des US-Dollars hält die Börse weiter in Atem. Die letzten US-Handelsbilanzzahlen sind besser ausgefallen als erwartet; der Abwärtstrend des Dollars ist seither gestoppt. »Die Anleger scheinen der Erholung des Dollarkurses immer noch zu mißtrauen« schrieb das *Handelsblatt* diese Woche.

Und nach wie vor belastet auch die in Deutschland eingeführte Quellensteuer den Anleihe- und Aktienmarkt in Europa.

Optimisten warnen hingegen davor, sich von der jetzigen schlechten Stimmung beeinflussen zu lassen.

Man müsse die Fakten sehen: Zinsen und Preise fielen jetzt doch. Normalerweise seien das Kaufsignale. Außerdem seien die Aktienkurse niedrig; deutsche und andere europäische Standardwerte bekäme man vielfach zum halben Preis gegenüber dem Höchststand von April 1986.

Anleihezinsen USA/Deutschland vom 30.01.87 bis 29.01.88

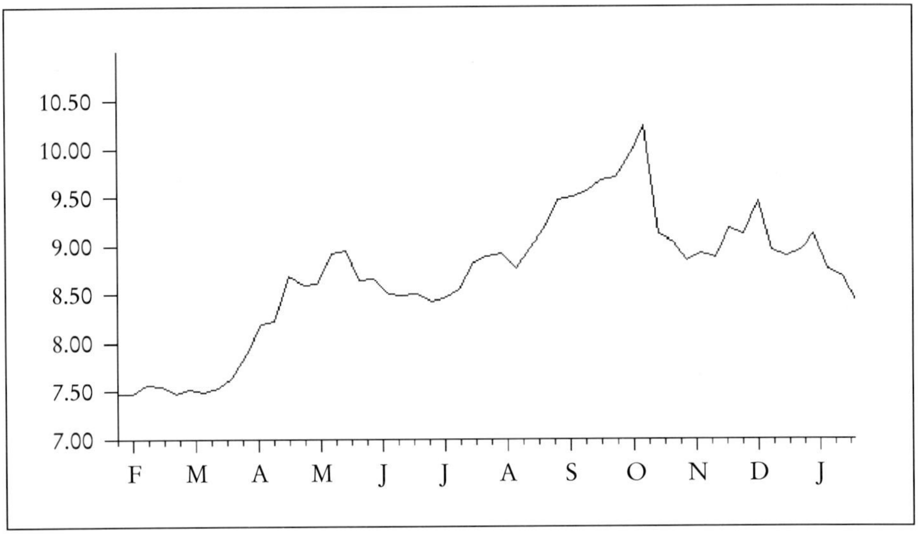

Rendite 30jährige US-T-Bonds

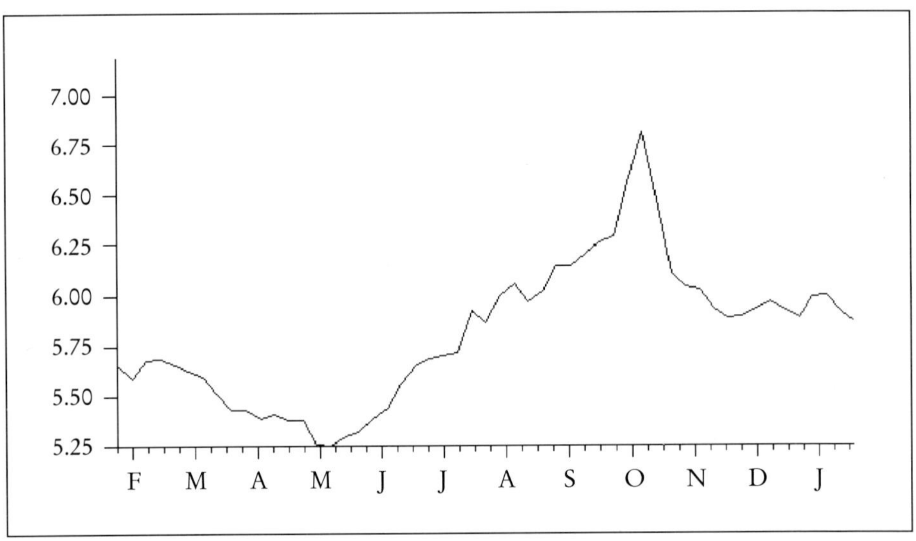

Umlaufrendite Anleihen Deutschland

Gold- und Metallpreise vom 30.01.87 bis 29.01.88

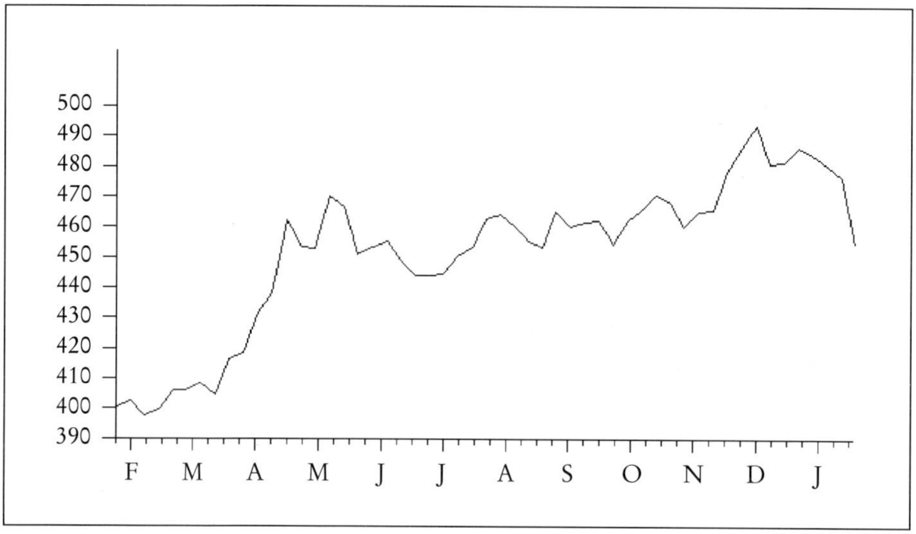

Gold $/Feinunze

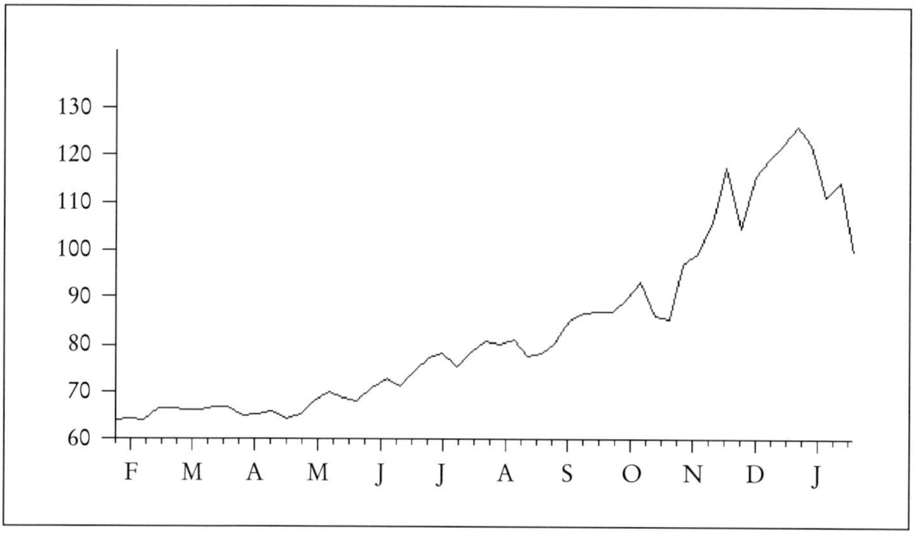

Metall-Index

Rohstoffpreise und US-Versorger vom 30.01.87 bis 29.01.88

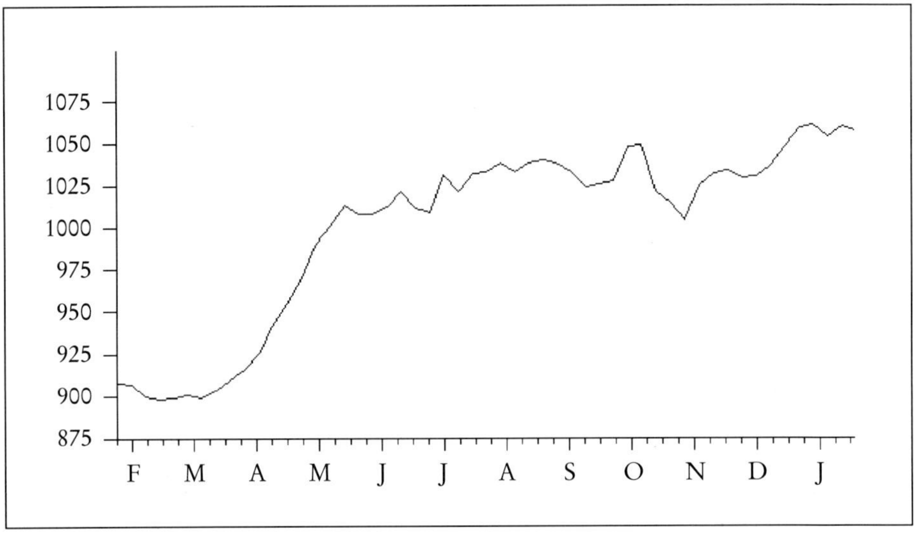

Moody-Index

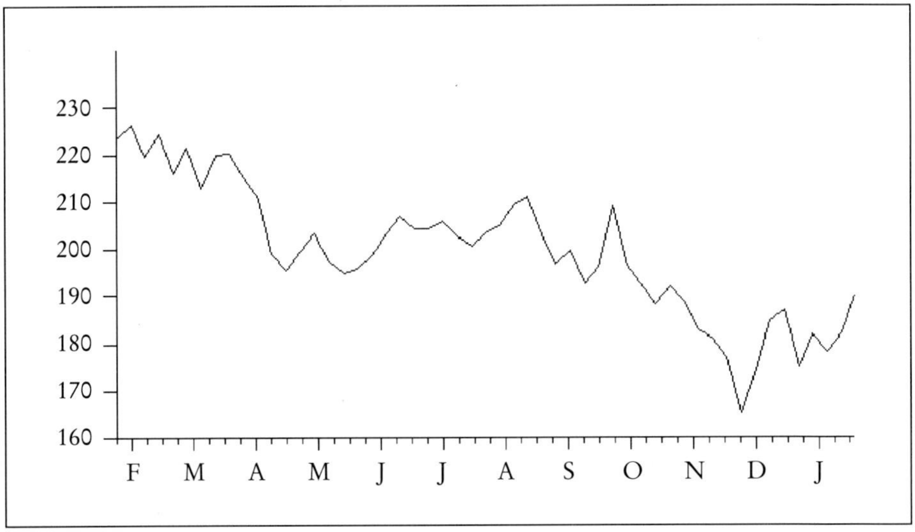

Dow-Jones-Utility-Index

US-Dollar vom 30.01.87 bis 29.01.88

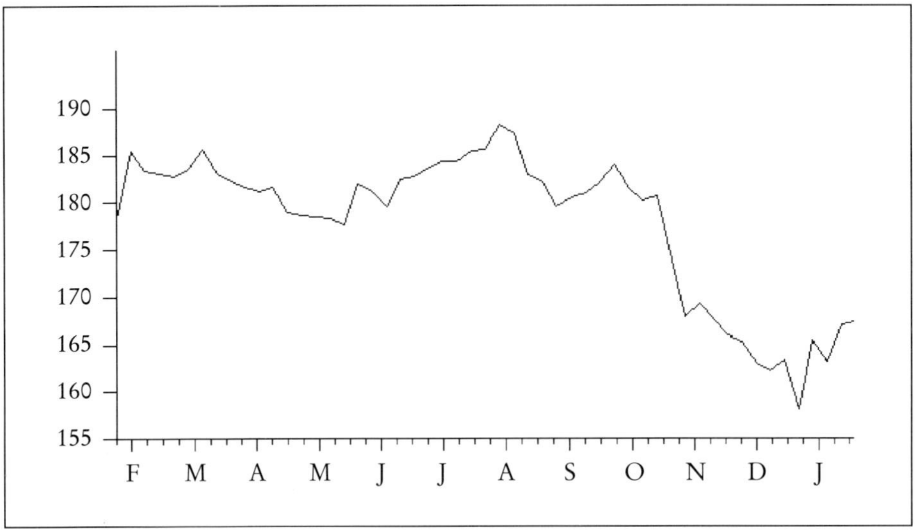

100 US-$ in DM

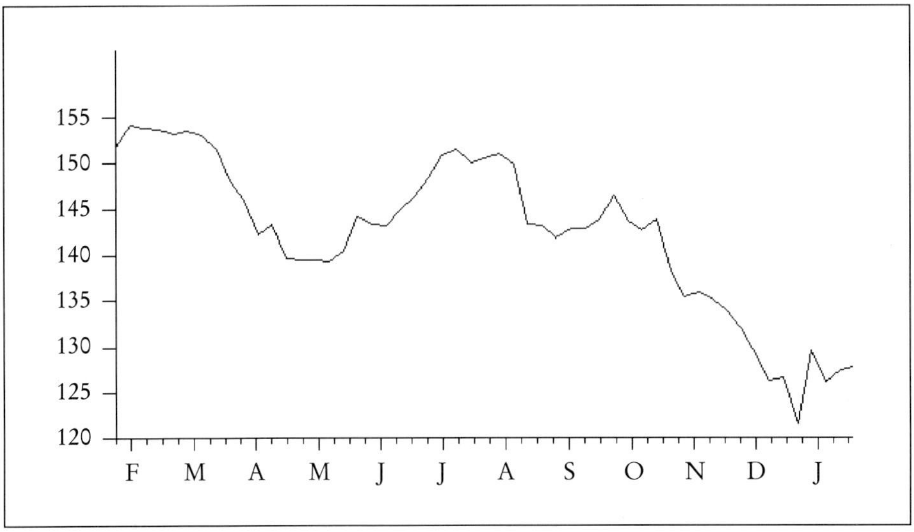

US-$ in Yen

Dow-Jones-Index und DAX vom 30.01.87 bis 29.01.88

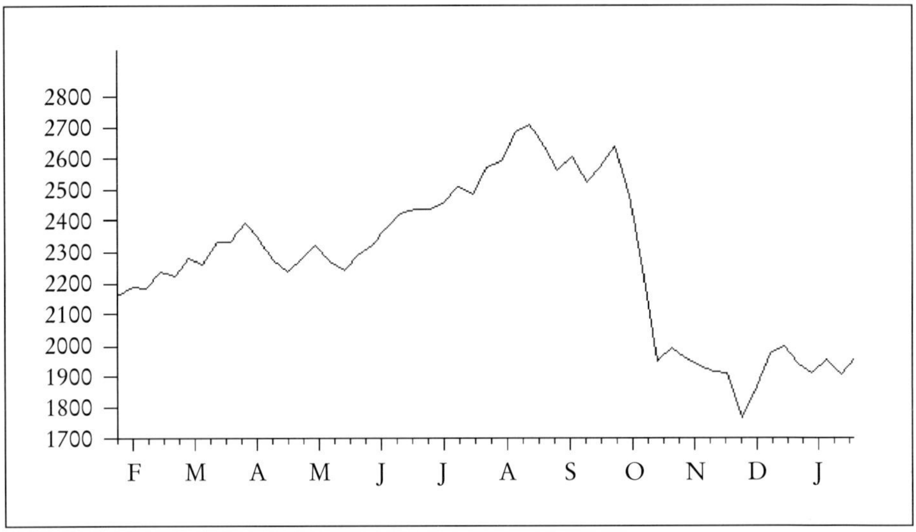

Dow-Jones-Index

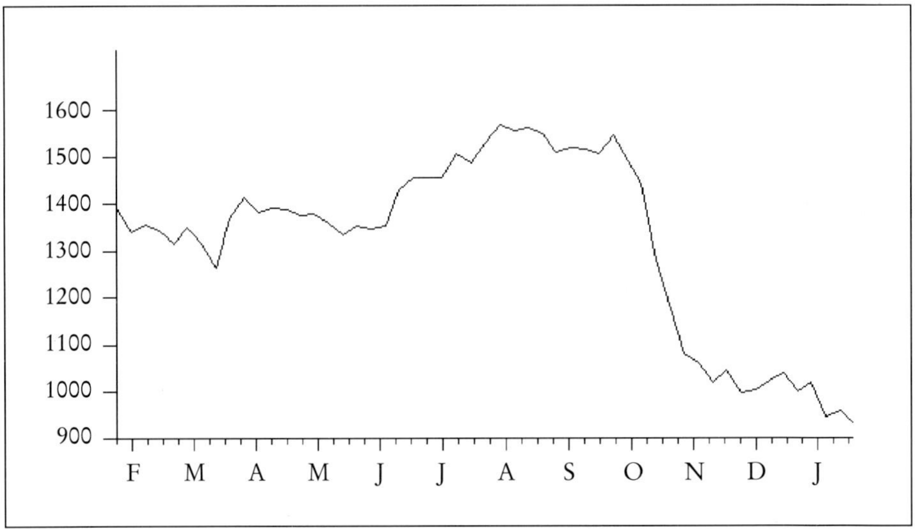

DAX

Kreuzen Sie bei »Aktien« und »Anleihen« an, welche der folgenden Empfehlungen Sie abgegeben hätten:

Aktien

- ○ weltweit uneingeschränkt kaufen
- ○ kaufen; US-Aktien übergewichten
- ○ kaufen; europäische Aktien übergewichten
- ○ weltweit gut haltenswert, Zukäufe möglich
- ○ weltweit gut haltenswert, Zukäufe in den USA möglich
- ○ weltweit gut haltenswert, Zukäufe in Europa möglich
- ○ in Europa Teilverkäufe, US-Aktien noch haltenswert
- ○ in den USA Teilverkäufe, europäische Aktien noch haltenswert
- ○ in Europa 50 Prozent und in den USA 25 Prozent der Aktien verkaufen
- ○ in den USA 50 Prozent und in Europa 25 Prozent der Aktien verkaufen
- ○ weltweit uneingeschränkt verkaufen

Anleihen

- ○ weltweit Anleihen mit langen Laufzeiten kaufen
- ○ weltweit Anleihen mit kurzen Laufzeiten kaufen
- ○ europäische Anleihen mit langen Laufzeiten kaufen
- ○ europäische Anleihen mit kurzen Laufzeiten kaufen
- ○ US-Anleihen mit langen Laufzeiten kaufen
- ○ US-Anleihen mit kurzen Laufzeiten kaufen
- ○ US-Anleihen noch halten, europäische Anleihen abstoßen
- ○ europäische Anleihen noch halten, US-Titel abstoßen
- ○ gegenüber Aktien zur Zeit eindeutig untergewichten

Empfehlung

Aktien:
weltweit uneingeschränkt kaufen.

Anleihen:
gegenüber Aktien zur Zeit eindeutig untergewichten.

Begründung

Die Zinsen sind deutlich gefallen und sinken weiter. Das Zinsniveau ist inzwischen relativ niedrig und lockt nicht mehr zu Käufen. Da die Aktienmärkte auf wesentlich attraktiverem Niveau liegen, sollte man diese bevorzugen.

Wenn aus Vorsichtsgründen auch Anleihen gekauft werden sollen, bieten sich sowohl Langläufer (Zins-Abwärtstrend noch intakt, Gold- und Metallpreise fallen) als auch Kurzläufer als »Manövriermasse« an.

Die Rohstoffpreise geben weiter Entwarnung für die Zinsen. Gold und Metall-Index sinken; der Moody-Index tendiert noch seitwärts. Für die nächsten Monate scheint kein erneuter Anstieg bei Preisen und Zinsen zu drohen.

Der Dow-Jones-Utility-Index hat nach seinem Tief Ende November wieder die Marschrichtung nach oben eingeschlagen. Dieses Tief wurde bei einem weiteren Test des Bodens um die Jahreswende 1987/88 nicht mehr erreicht. Damit dürfte die Trendumkehr vollzogen sein. Der Utility-Index liefert damit eine gute Vorgabe für die Aktienmärkte.

Der Dollar ist nach seinem Abwärtstrend entweder in eine Konsolidierungsphase eingetreten oder befindet sich gar schon wieder im Aufwärtstrend. Freilich ist nach dem tiefen Fall wahrscheinlich, daß eine Wendeformation noch längere Zeit in Anspruch nimmt.

Dennoch gibt der Dollar europäischen Aktien zur Zeit eine gewisse Unterstützung.

Internationale Aktien sind aufgrund der freundlichen Zinsen und Preise jetzt kaufenswert, zumal die Kurse noch sehr niedrig sind und noch wenig auf die günstigen Vorgaben reagiert haben. Zudem stellen Anleihen keine sehr reizvolle Alternative dar. Fast alles spricht nunmehr für eine baldige Aktienhausse. Wer nach einer Index-Halbierung wie in Deutschland keinen Mut zum Einstieg findet, der steht auf verlorenem Posten.

Auch die Erholung des Dollars macht Mut zum Kauf. Sollte der Dollar wieder schwächer werden, müßte man deutsche Aktien untergewichten.

Zur Information

Von unserem Stichtag aus ging es an den Aktienmärkten gemessen an ihren Indizes folgendermaßen weiter:

	Deutschland	Schweiz	USA
1 Monat	+ 15 %	+ 9 %	+ 2 %
3 Monate	+ 12 %	+ 9 %	+ 2 %
6 Monate	+ 22 %	+ 13 %	+ 6 %
15 Monate	+ 42 %	+ 40 %	+ 24 %

Trainingssatz 7

Trainingssatz 8

Lockerung oder Straffung der zinspolitischen Zügel?

28. April 1989

Schwierigkeitsgrad: ✦✦✦

Wirtschafts- und Börsenlage

Seit 1988 haben sich die Aktienmärkte international auf breiter Front erholen können. Viele fragen sich, ob auf dem jetzigen Niveau nicht schon wieder erhöhte Vorsicht geboten ist, zumal Zinsen und Preise nicht ganz einheitliche Signale geben.

Einerseits berichtet die *New York Times* am 27. April 1989, einige Zentralbankmitglieder hätten sich dahingehend geäußert, daß höhere Leitzinsen aufgrund von Anzeichen, die auf eine konjunkturelle Abschwächung hindeuteten, nicht geplant seien.

Andere Marktbeobachter halten dies jedoch für unrealistisch. Denn immerhin setze sich das Konjunkturwachstum in den USA in abgeschwächter Form fort, und die Inflationsrate habe zuletzt einen auf Jahresbasis berechneten Anstieg von fünf Prozent gemeldet nach gut 4 Prozent im vierten Quartal 1988.

Der heute veröffentlichte Index der US-Einkaufsmanager weist auf eine gestiegene Nachfrage hin; daher rechnen Händler wieder mit eher steigenden Zinsen an den Anleihemärkten.

In Europa verweist man auf die nunmehr auf 3 Prozent angestiegene Inflationsrate der Lebenshaltungskosten in Deutschland.

Der festere Dollar wird nicht nur positiv interpretiert. Er beschleunigt möglicherweise erneute Erhöhungen der Leitzinsen durch die Deutsche Bundesbank, die damit nicht nur den Preisauftrieb bekämpfen, sondern auch den Anstieg des Dollarkurses und damit der Importpreise abbremsen könnte.

Die Optimisten verweisen jedoch auf den Vorteil des Dollaranstiegs für die europäischen Exportunternehmen.

Mit Erleichterung nahmen schließlich deutsche Börsianer die Abschaffung der Quellensteuer aus Zinserträgen zur Kenntnis.

Die Vereins- und Westbank rät Anlegern, ihre Depots »an schwachen Tagen« mit ausgesuchten Aktien aufzustocken. Auch Analysten der Deutschen Bank halten weitere Kurssteigerungen für möglich, fügen vorsichtshalber aber die Warnung an, daß viele Anleger inzwischen auf hohen Kursgewinnen säßen und hier die Gefahr von größeren Gewinnmitnahmen durchaus gegeben sei.

Anleihezinsen USA/Deutschland vom 29.04.88 bis 28.04.89

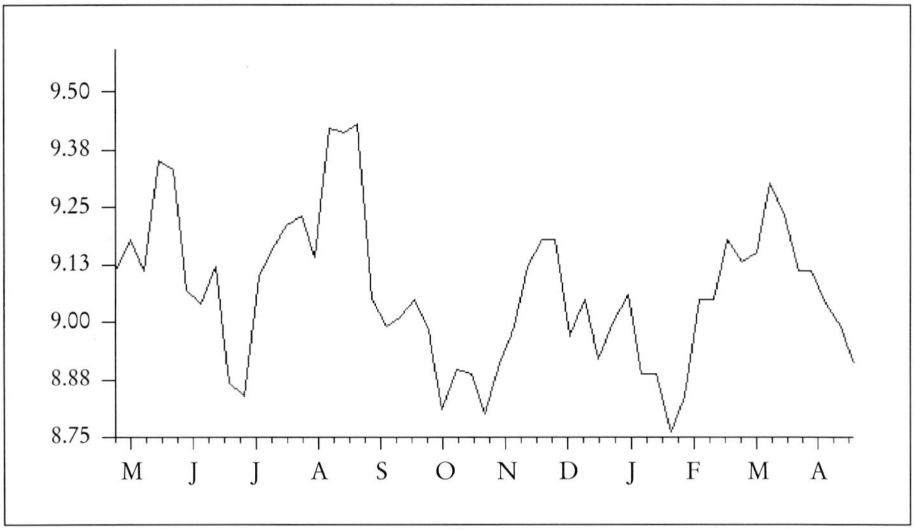

Rendite 30jährige US-T-Bonds

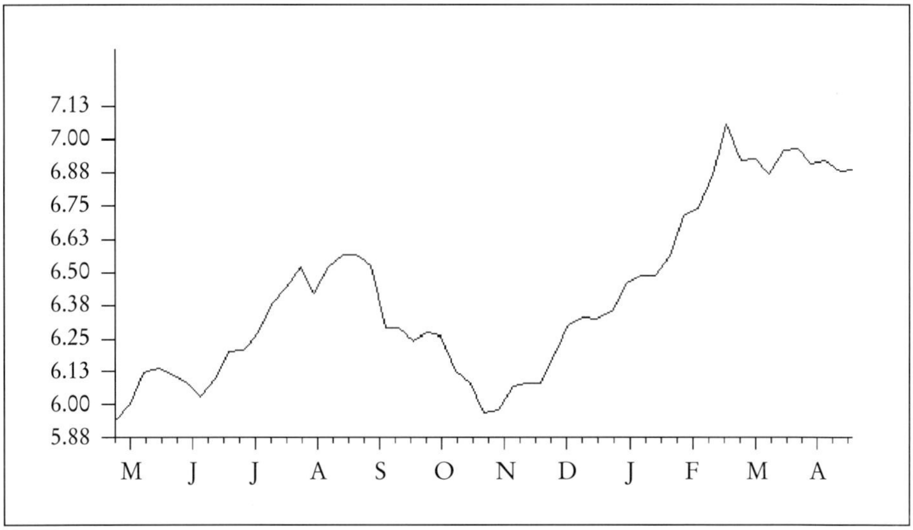

Umlaufrendite Anleihen Deutschland

Gold- und Metallpreise vom 29.04.88 bis 28.04.89

Gold $/Feinunze

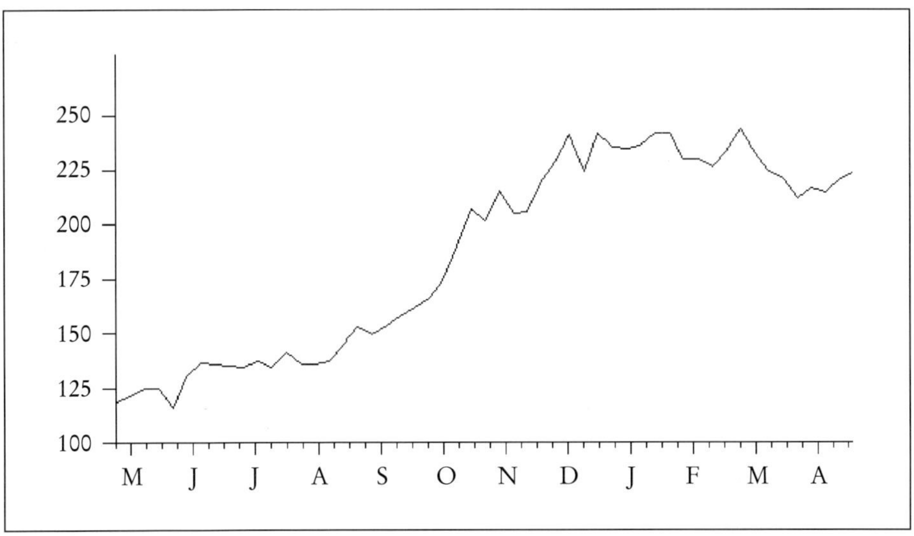

Metall-Index

Rohstoffpreise und US-Versorger vom 29.04.88 bis 28.04.89

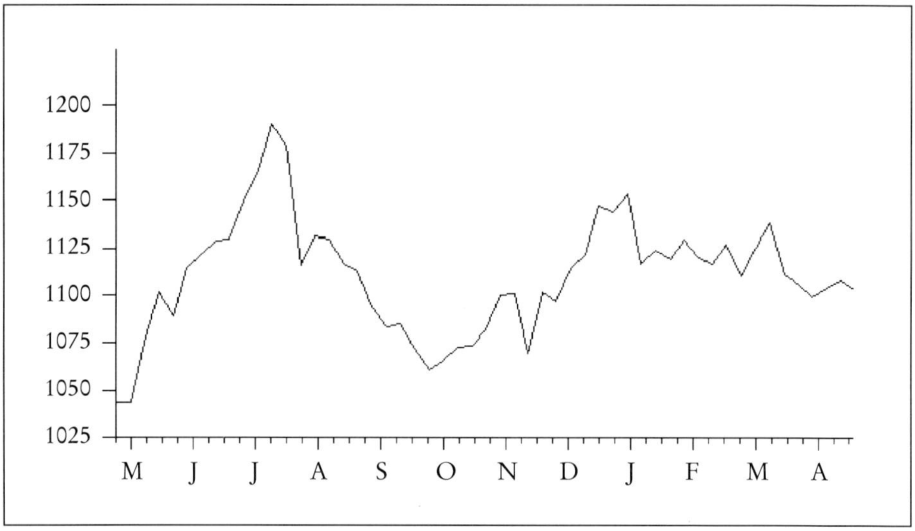

Moody-Index

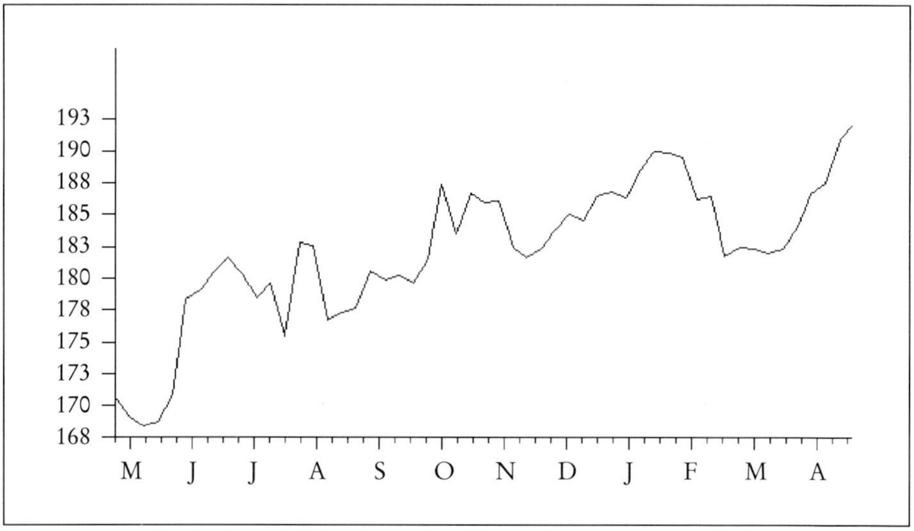

Dow-Jones-Utility-Index

US-Dollar vom 29.04.88 bis 28.04.89

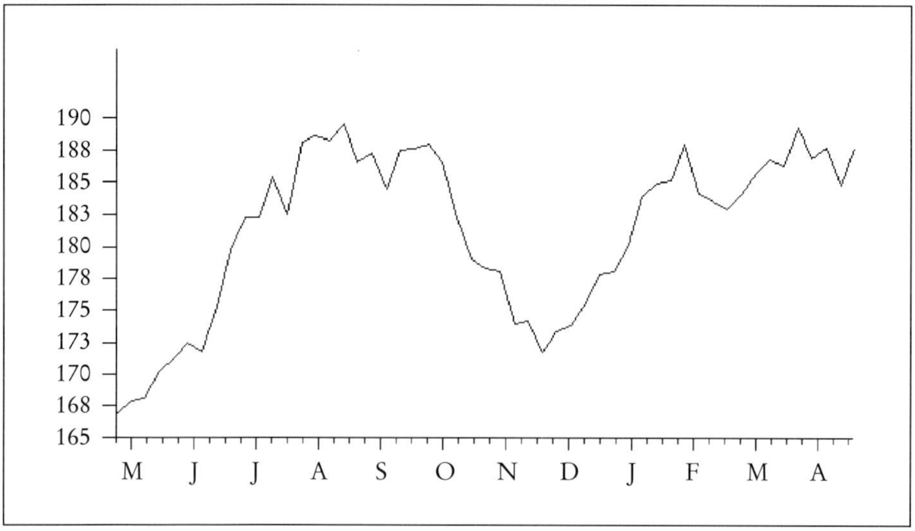

100 US-$ in DM

US-$ in Yen

Dow-Jones-Index und DAX vom 29.04.88 bis 28.04.89

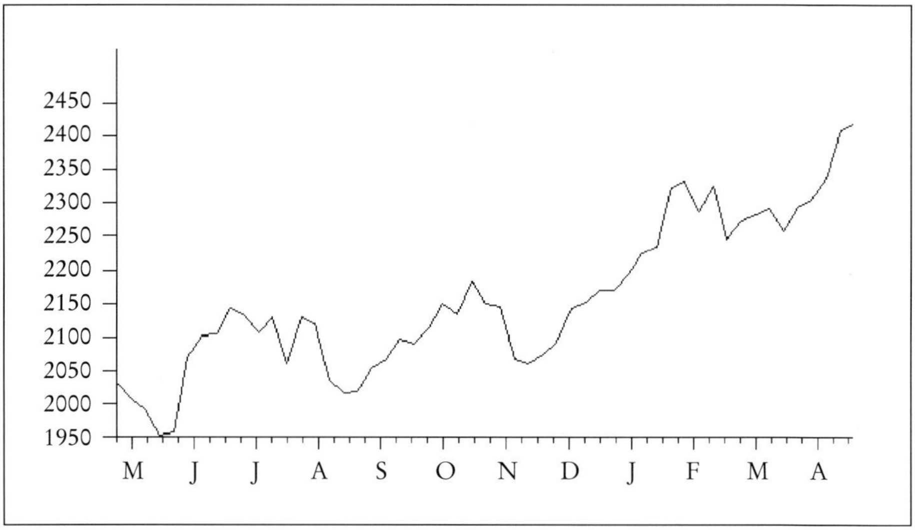

Dow-Jones-Index

DAX

Kreuzen Sie bei »Aktien« und »Anleihen« an, welche der folgenden Empfehlungen Sie abgegeben hätten:

Aktien

- ○ weltweit uneingeschränkt kaufen
- ○ kaufen; US-Aktien übergewichten
- ○ kaufen; europäische Aktien übergewichten
- ○ weltweit gut haltenswert, Zukäufe möglich
- ○ weltweit gut haltenswert, Zukäufe in den USA möglich
- ○ weltweit gut haltenswert, Zukäufe in Europa möglich
- ○ in Europa Teilverkäufe, US-Aktien noch haltenswert
- ○ in den USA Teilverkäufe, europäische Aktien noch haltenswert
- ○ in Europa 50 Prozent und in den USA 25 Prozent der Aktien verkaufen
- ○ in den USA 50 Prozent und in Europa 25 Prozent der Aktien verkaufen
- ○ weltweit uneingeschränkt verkaufen

Anleihen

- ○ weltweit Anleihen mit langen Laufzeiten kaufen
- ○ weltweit Anleihen mit kurzen Laufzeiten kaufen
- ○ europäische Anleihen mit langen Laufzeiten kaufen
- ○ europäische Anleihen mit kurzen Laufzeiten kaufen
- ○ US-Anleihen mit langen Laufzeiten kaufen
- ○ US-Anleihen mit kurzen Laufzeiten kaufen
- ○ US-Anleihen noch halten, europäische Anleihen abstoßen
- ○ europäische Anleihen noch halten, US-Titel abstoßen
- ○ gegenüber Aktien zur Zeit eindeutig untergewichten

Empfehlung

Aktien:
weltweit gut haltenswert, Zukäufe möglich.

Anleihen:
gegenüber Aktien zur Zeit eindeutig untergewichten.

Begründung

Die Zinsen zeigen keinen eindeutigen Trend. Die Renditen der US-T-Bonds bewegen sich seit einem Jahr unter heftigen Schwankungen »seitwärts«, während die deutsche Umlaufrendite klar gestiegen ist. Zumindest scheinen sich diejenigen Marktteilnehmer durchgesetzt zu haben, die sinkende Zinsen erwarten. Allzu vertrauenserweckend sieht aber insbesondere der deutsche Zinstrend nicht aus, so daß festverzinsliche Wertpapiere zur Zeit untergewichtet werden sollten, wobei man nur auf Laufzeiten von 2 bis 3 Jahren setzen sollte.

Die Rohstoffpreise geben hingegen den Zinsen und Aktienmärkten eine gute Unterstützung. Der Goldpreis meldet soeben wieder ein neues Tief, der Aufwärtstrend der Metallpreise scheint vorerst gebrochen, und der Moody-Index tendiert immer noch seitwärts bis abwärts.

Der Dow-Jones-Utility-Index liefert ein sehr positives Signal für die Aktienmärkte, indem er soeben wiederum ein neues Hoch erreichte und damit alle Zweifel an der Fortsetzung seines Aufwärtstrends beseitigte.

Der Dollar ist stark geblieben, und eine Trendwende nach unten ist noch nicht zu erkennen. In letzter Zeit stößt er zwar auf Widerstand, aber solange es nicht wieder zu einem plötzlichen Absturz kommt, dürfte das jetzt erreichte Niveau insbesondere in Europa für freundliche Aktienbörsen ausreichen.

Internationale Aktien sind aufgrund der jüngsten Rückgänge beim Goldpreis und bei den Anleihezinsen sowie der Stärke des Utility-Index weiter haltens- und kaufenswert, auch wenn die Kurse schon einen beachtlichen Anstieg hinter sich haben. Nach wie vor stellen Anleihen keine reizvolle Alternative dar.

Der Dollarkurs sollte gut daraufhin beobachtet werden, ob er dem Markt weiterhin eine Stütze bietet. Sollte der Dollar wieder nachgeben, müßte man europäische Aktien untergewichten.

Zur Information

Von unserem Stichtag aus ging es an den Aktienmärkten gemessen an ihren Indizes folgendermaßen weiter:

	Deutschland	Schweiz	USA
1 Monat	- 1 %	- 5 %	+ 4 %
3 Monate	+ 11 %	+ 11 %	+ 10 %
5 Monate	+ 15 %	+ 11 %	+ 11 %

Trainingssatz 8

Trainingssatz 9

Zinserhöhungen und Druck auf den Dollar – wieviel verkraften die Aktienmärkte?

29. September 1989

Schwierigkeitsgrad: ✦✦✦

Wirtschafts- und Börsenlage

Seit gut anderthalb Jahren steigen nun die Kurse an den internationalen Aktienmärkten; zur Überraschung vieler Börsenteilnehmer lief die Hausse sogar gegen den deutschen Zinstrend. Denn hierzulande *stiegen* die Zinsen, zumindest bis Ende Mai 1989.

Die Hausse wurde also 1988 zunächst nur durch die auf den Crash folgende Erholung, die nachgebenden Rohstoffpreise und den steigenden Dollar, seit März 1989 auch durch sinkende US-Zinsen getragen.

Wie lange halten diese Indikatoren noch die Aktienmärkte oben? Droht jetzt allmählich Gefahr?

Von der Zinsseite her ist keine Entlastung zu erwarten. Experten zweifeln kaum daran, daß die Deutsche Bundesbank demnächst wieder die Leitzinsen erhöhen wird, obwohl man allgemein für eine weitere Verschärfung der Zins- und Geldpolitik keinen zwingenden Grund erkennen kann.

Hoffnungen auf Zinssenkungen in den USA wurden enttäuscht, als die Regierung heute einen Anstieg des Index der Frühindikatoren für die US-Konjunktur um 0,3 Prozent meldete. Damit dürfte das Wirtschaftswachstum in den USA anhalten, bei einer Inflationsrate von weiterhin knapp über 4 Prozent. Das läßt keine Änderung der US-Zinspolitik erwarten.

In Japan wird mit einer Leitzinserhöhung in der kommenden Woche gerechnet, um die Inflation zu bekämpfen.

Auf den Dollar wurde nach einem G7-Treffen massiver Druck von Seiten der europäischen und japanischen Zentralbanken ausgeübt; sein Kurs gilt diesen bei rund 1,87 DM als spekulativ überhöht. Nachdem er durch die europäischen Zinserhöhungen nicht zu drücken war, versuchte man es jetzt mit direkten Interventionen. Doch so leicht gab der Dollar nicht nach; sobald die Zentralbankverkäufe nachließen, legte er wieder zu.

Erstaunlich, daß die Aktienkurse angesichts solcher Maßnahmen gegen den Dollar weltweit nicht stärker nachgaben. In den Wochenkommentaren der Banken zu den Zukunftsaussichten deutscher Aktien werden überwiegend optimistische Töne angeschlagen. »An Tagen mit nachgebenden Notierungen sollten konsequent neue Käufe vorgenommen werden« meint die Commerzbank. Auch die Vereins- und Westbank sieht noch Spielraum für steigende Bewertungen und erklärt, eine weitere Leitzinserhöhung sei von den derzeitigen Aktienkursen schon vorweggenommen.

Anleihezinsen USA/Deutschland vom 30.09.88 bis 29.09.89

Rendite 30jährige US-T-Bonds

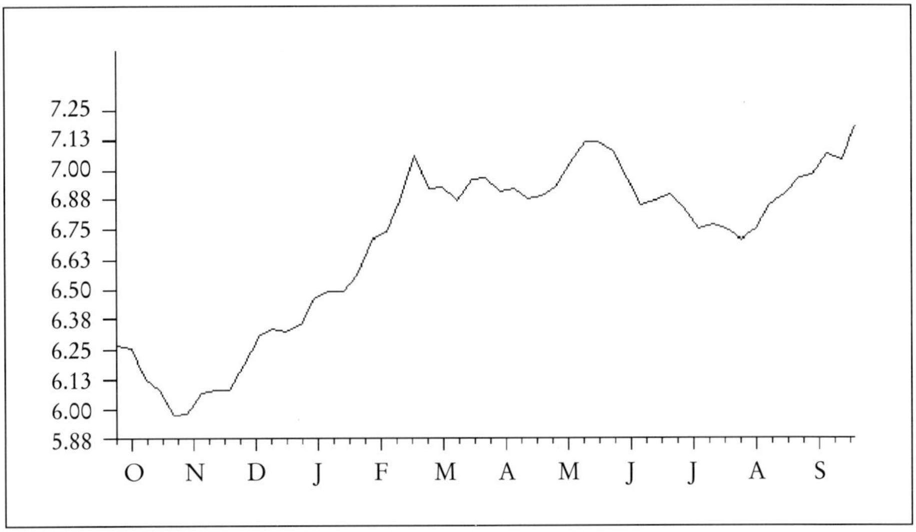

Umlaufrendite Anleihen Deutschland

Gold- und Metallpreise vom 30.09.88 bis 29.09.89

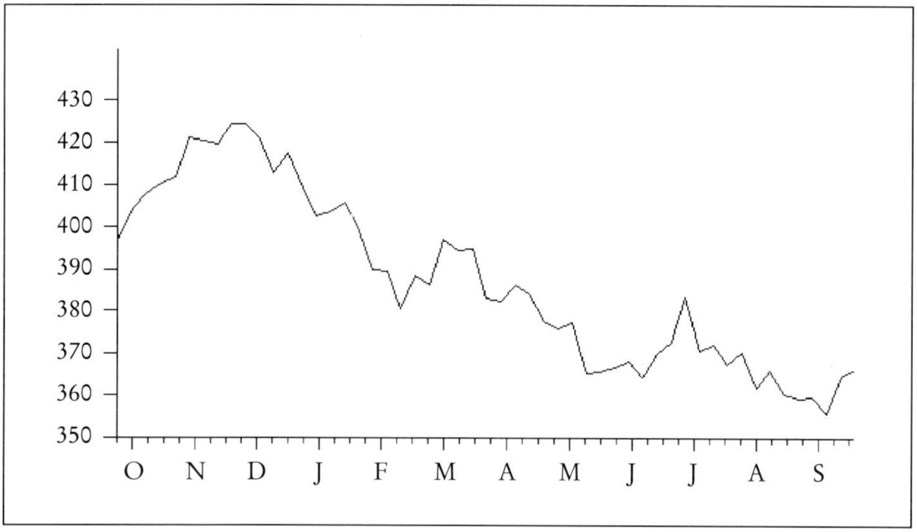

Gold $/Feinunze

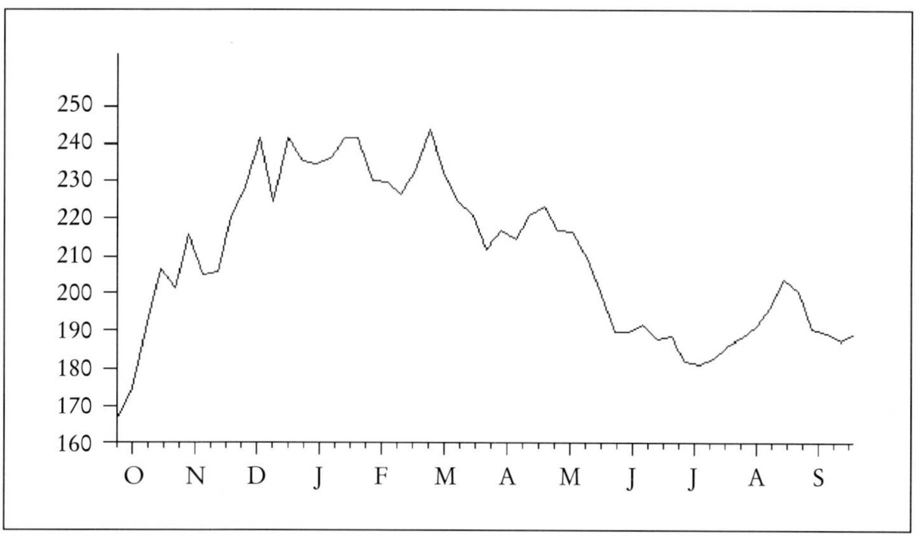

Metall-Index

Rohstoffpreise und US-Versorger vom 30.09.88 bis 29.09.89

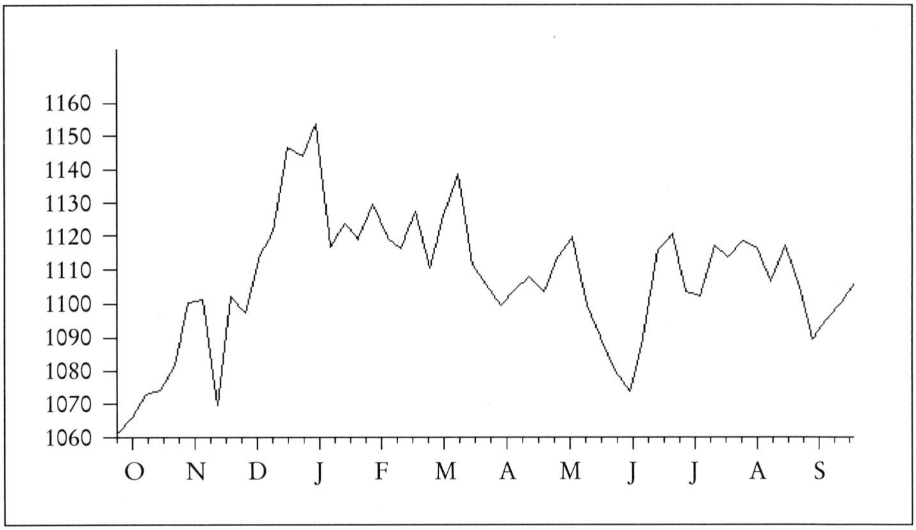

Moody-Index

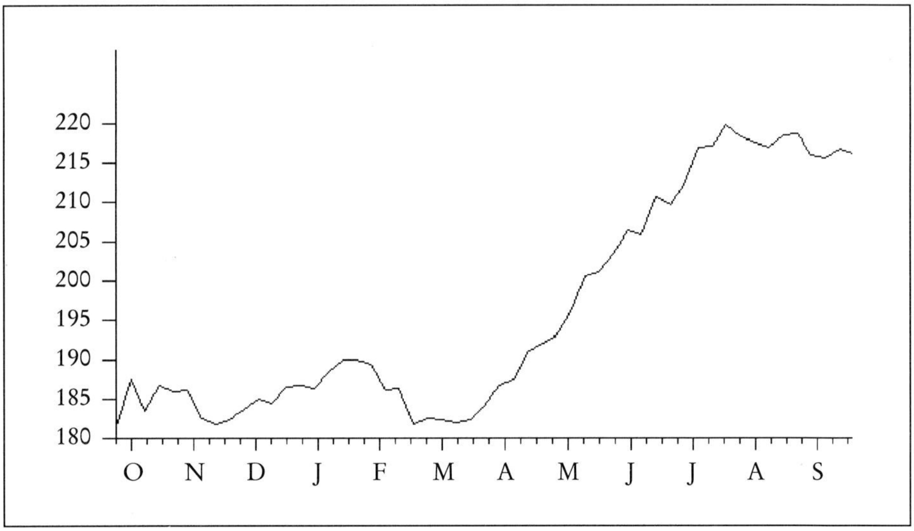

Dow-Jones-Utility-Index

US-Dollar vom 30.09.88 bis 29.09.89

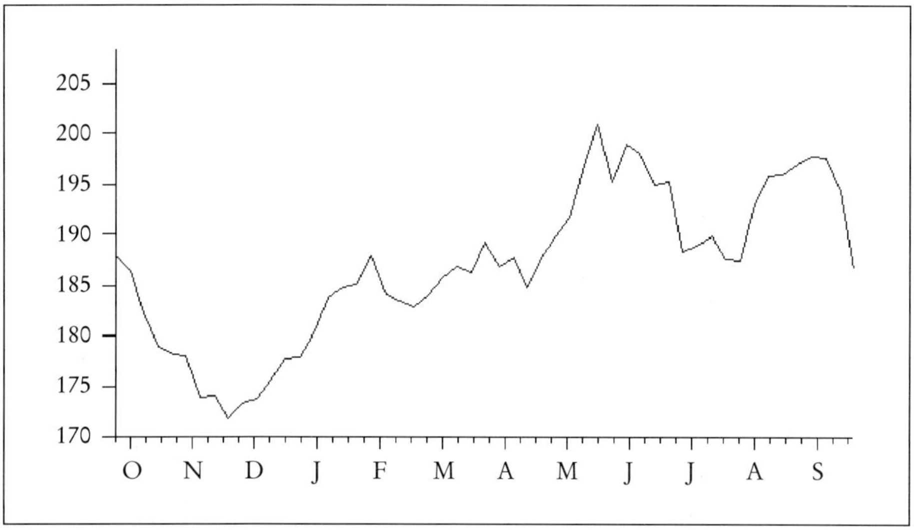

100 US-$ in DM

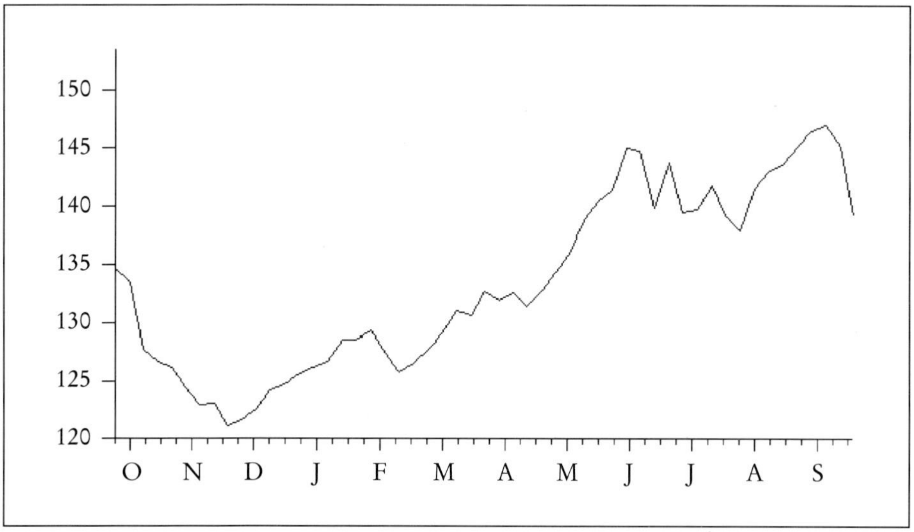

US-$ in Yen

Dow-Jones-Index und DAX vom 30.09.88 bis 29.09.89

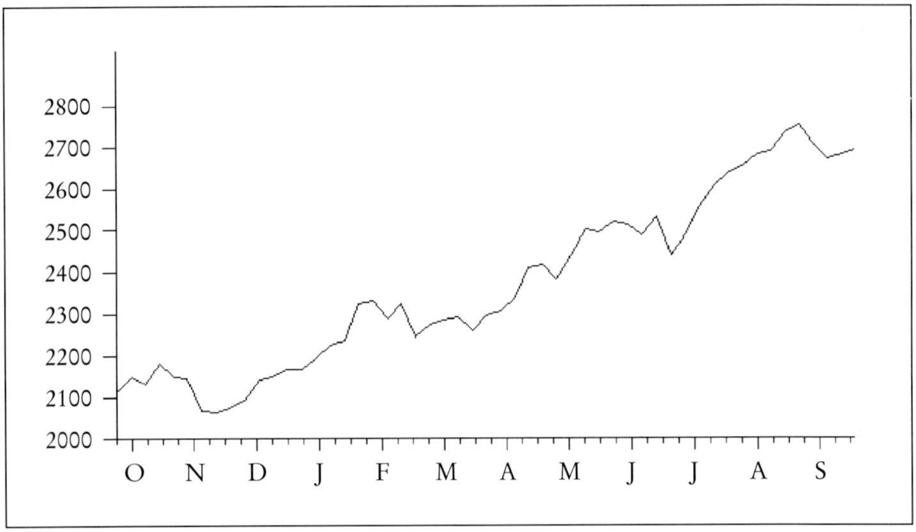

Dow-Jones-Index

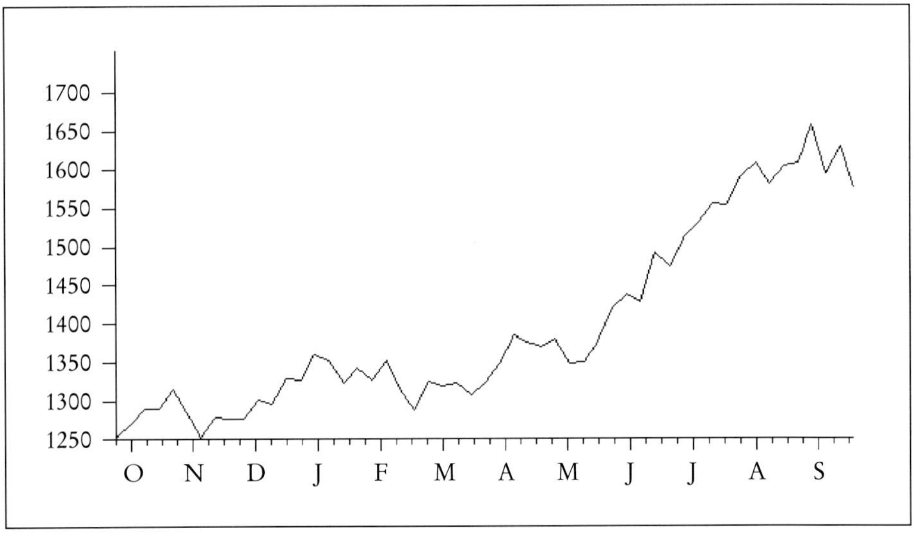

DAX

Kreuzen Sie bei »Aktien« und »Anleihen« an, welche der folgenden Empfehlungen Sie abgegeben hätten:

Aktien

○ weltweit uneingeschränkt kaufen
○ kaufen; US-Aktien übergewichten
○ kaufen; europäische Aktien übergewichten
○ weltweit gut haltenswert, Zukäufe möglich
○ weltweit gut haltenswert, Zukäufe in den USA möglich
○ weltweit gut haltenswert, Zukäufe in Europa möglich
○ in Europa Teilverkäufe, US-Aktien noch haltenswert
○ in den USA Teilverkäufe, europäische Aktien noch haltenswert
○ in Europa 50 Prozent und in den USA 25 Prozent der Aktien verkaufen
○ in den USA 50 Prozent und in Europa 25 Prozent der Aktien verkaufen
○ weltweit uneingeschränkt verkaufen

Anleihen

○ weltweit Anleihen mit langen Laufzeiten kaufen
○ weltweit Anleihen mit kurzen Laufzeiten kaufen
○ europäische Anleihen mit langen Laufzeiten kaufen
○ europäische Anleihen mit kurzen Laufzeiten kaufen
○ US-Anleihen mit langen Laufzeiten kaufen
○ US-Anleihen mit kurzen Laufzeiten kaufen
○ US-Anleihen noch halten, europäische Anleihen abstoßen
○ europäische Anleihen noch halten, US-Titel abstoßen
○ gegenüber Aktien zur Zeit eindeutig untergewichten

Empfehlung

Aktien:
in Europa 50 Prozent und in den USA 25 Prozent der Aktien verkaufen.

Anleihen:
weltweit Anleihen mit kurzen Laufzeiten kaufen.

Begründung

Die Zinsen bieten das seltene Bild eines uneinheitlichen Trends im Vergleich zwischen den USA und Deutschland. Bei einem Kauf von DM-Anleihen kommen angesichts steigender Zinsen ohnehin nur Laufzeiten von 1 bis 3 Jahren in Betracht.

Die Dollarzinsen sind zwar im Frühjahr klar gesunken, seither herrscht aber ein Seitwärtstrend mit Tendenz nach oben. Insgesamt scheint die Entwicklung eher auf weltweit steigende Zinsen hinzudeuten. Daher sollte man sich auch bei US-Anleihen auf Kurzläufer beschränken.

Die Rohstoffpreise lassen zur Zeit keine klare Richtung erkennen. Der bisher schwache Goldpreis zeigt noch keine Wende nach oben, und auch bei den Metallpreisen und beim Moody-Index bleibt offen, wohin sich ein künftiger Trend entwickeln wird.

Der Dow-Jones-Utility-Index ist nach seinem Anstieg in eine Konsolidierungsphase eingetreten. Auch er läßt noch offen, ob sich sein Aufwärtstrend weiter fortsetzen wird oder ob er nach unten dreht – was bei steigenden Zinsen unvermeidbar wäre.

Der Dollar befindet sich sowohl auf DM- als auch auf Yen-Basis nunmehr klar im Abwärtstrend.

Das bedeutet zumindest für deutsche und europäische Aktien anhaltende Gefahr, und dies noch bei unvermindert steigenden deutschen Zinsen!

Internationale Aktien sind vom schwachen Dollarkurs unterschiedlich betroffen. So könnte man US-Aktien eher halten als etwa die Aktien europäischer Exportwerte, die immer besonders empfindlich reagieren, wenn der Dollar fällt.

Für US-Aktien spricht auch, daß die dortigen Zinsen im Gegensatz zu den europäischen noch keinen starken Aufwärtstrend zeigen.

Andererseits sind die Märkte weltweit so verbunden, daß die steigenden Zinsen in Europa auch an der US-Börse nicht ganz unberücksichtigt bleiben können.

Für europäische Aktien bedeutet ein fallender Dollar kurzfristig Gefahr. Außerdem meldet die deutsche Umlaufrendite ein neues Hoch. Da Anleger in europäischen Aktien in den letzten 12 Monaten überdurchschnittliche Gewinne erzielt haben, sollte man unter den gegebenen Umständen diese vorsichtshalber zum Teil mitnehmen. Einsteigen kann man zu ermäßigten Kursen immer wieder, vorausgesetzt, daß Zinsen und Rohstoffpreise fallen und sich der Dollar stabilisiert.

Wer jetzt zu stark in Aktien investiert, sollte daran denken, daß derzeit sehr viele Anleger auf hohen Kursgewinnen sitzen. Bei kleinsten Anlässen sind somit nervöse Verkäufe zu erwarten.

Zur Information

Von unserem Stichtag aus ging es an den Aktienmärkten gemessen an ihren Indizes folgendermaßen weiter:

	Deutschland	Schweiz	USA
1 Monat	- 7 %	- 6 %	- 4 %
3 Monate	+ 11 %	- 4 %	+ 1 %
6 Monate	+ 22 %	+ 8 %	- 2 %
10 Monate	+ 19 %	+ 2 %	+ 8 %

Trainingssatz 9

Trainingssatz 10

Rekordhochs in USA und Europa, kräftige Verluste in Japan

27. Juli 1990

Schwierigkeitsgrad: ✦✦

Wirtschafts- und Börsenlage

Nach dem Kurseinbruch vom Oktober 1989 (später nannte man ihn den »Mini-Crash«) konnten sich zunächst nur die deutschen Aktien wieder kräftig erholen. Hier wirkten sich die Ereignisse in der DDR und die Hoffnung auf Wiedervereinigung unterstützend auf die Kurse aus.

Die übrigen Weltbörsen blieben zunächst schwach; das gilt insbesondere für Japan, dessen Index seit Anfang 1990 einen Verlust von 20 Prozent aufweist. Dennoch herrscht an diesen Börsen wieder Optimismus. Man rechnet in den USA und Europa bei den Zinsen mit einer Trendwende nach unten.

US-Aktien erreichten im Juli bereits ein neues Hoch. Die Überlegung lautet nun: Wenn steigende Zinsen im ersten Quartal 1990 die Aktienbörsen weltweit nicht in die Knie zwingen konnten, dann müßten sie doch jetzt, da die Anzeichen für wieder sinkende Zinsen sprechen, um so kräftiger zulegen können?

Heute wurde gemeldet, daß nach einer ersten Schätzung des US-Handelsministeriums das Bruttosozialprodukt in den USA im zweiten Quartal um nur noch 1,2 Prozent wuchs. Erwartet waren 1,5 Prozent Wachstum. Für die Zinsen ist eine schwächere Konjunktur ja durchaus hilfreich. Aber der Dollar geriet nach Bekanntgabe dieser Zahlen unter Druck und schloß mit knapp über 1,61 DM nach 1,6240 DM am Vortag. Damit nähert er sich seinem Ende 1987 erreichten Allzeittief von 1,5850 DM.

Gleichzeitig ist man in New York über höhere Ölpreise und eine bevorstehende Auktion neuer Staatsanleihen besorgt, von der man nicht genau weiß, wie erfolgreich sie verlaufen wird.

Am Aktienmarkt stören enttäuschende Unternehmensgewinne bei Technologie- und Restaurantsaktien.

In Tokio hat der Index heute wieder knapp 2 Prozent verloren. Erstmals seit Oktober 1986 ist es damit wieder an sechs aufeinanderfolgenden Handelstagen zu Kursverlusten gekommen. Japanische Broker schließen weitere kräftige Kursverluste nicht aus.

Für deutsche Aktien bleiben die Bankberater optimistisch. Die Commerzbank weist auf das anhaltende Wachstum der Unternehmensgewinne und den durch die bevorstehende Wiedervereinigung auf hohen Touren laufenden Konjunkturmotor hin. Bleibt dann auch noch die Inflationsrate unter 3 Prozent – was zu erwarten steht –, dann wäre weiterer Spielraum für einen Zinsrückgang in Deutschland und höhere Aktienkurse vorhanden.

Anleihezinsen USA/Deutschland vom 28.07.89 bis 27.07.90

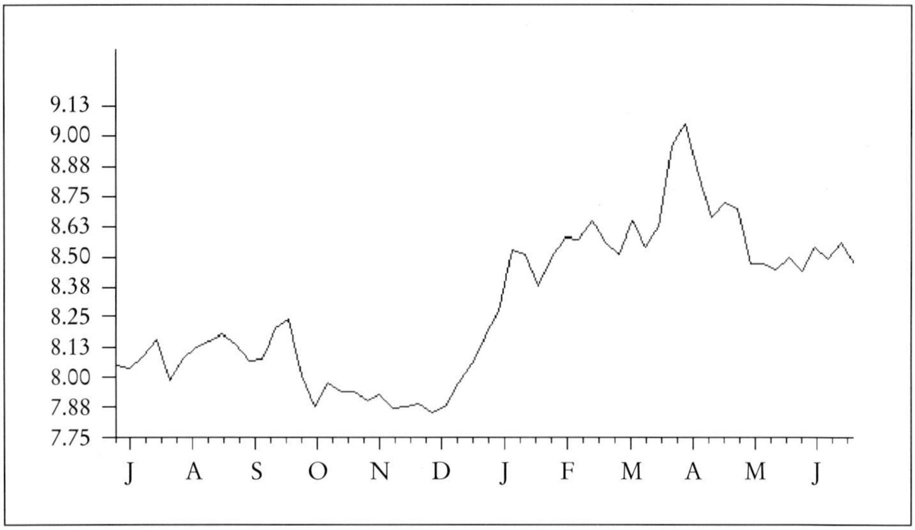

Rendite 30jährige US-T-Bonds

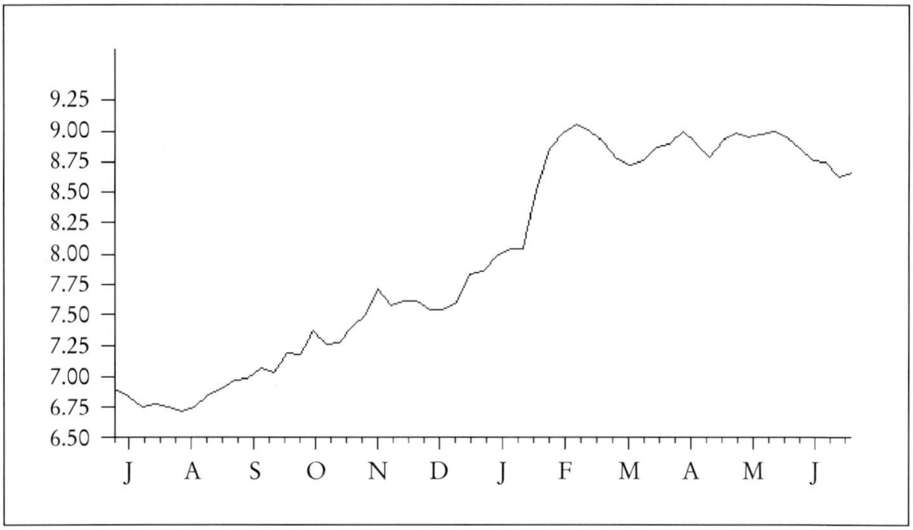

Umlaufrendite Anleihen Deutschland

Gold- und Metallpreise vom 28.07.89 bis 27.07.90

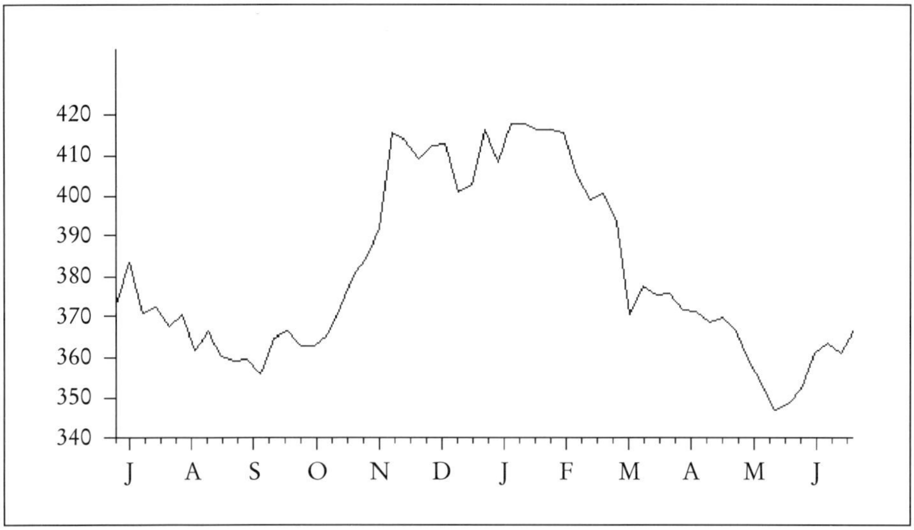

Gold $/Feinunze

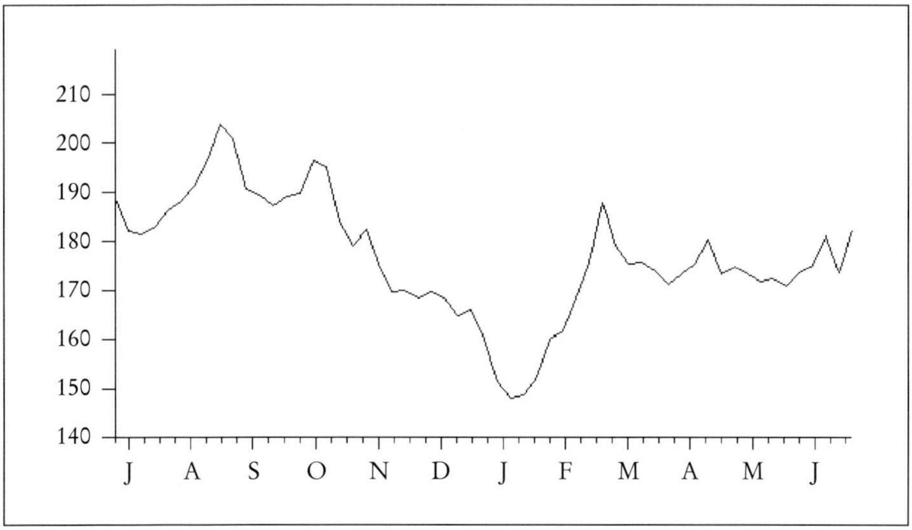

Metall-Index

Rohstoffpreise und US-Versorger vom 28.07.89 bis 27.07.90

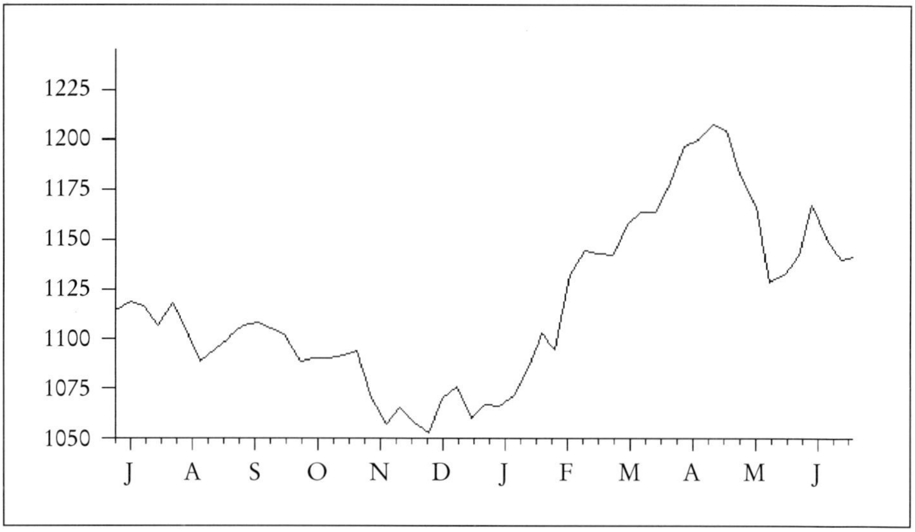

Moody-Index

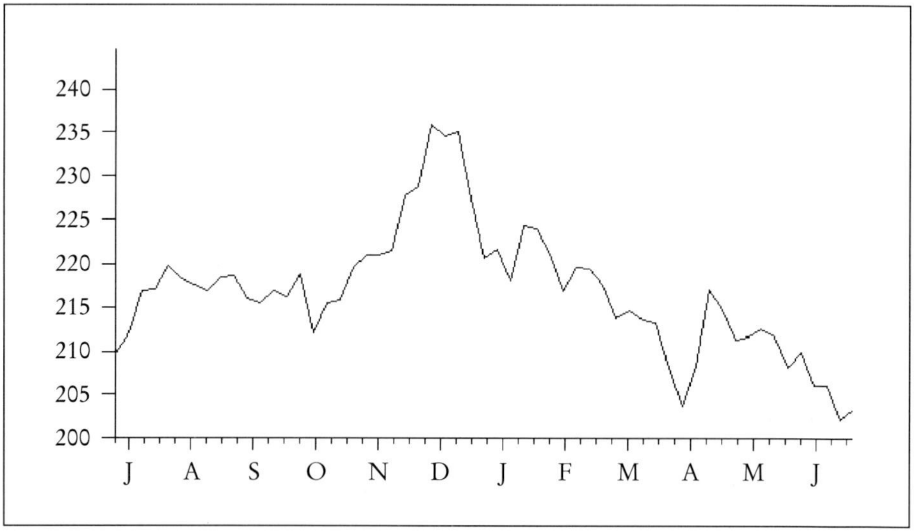

Dow-Jones-Utility-Index

US-Dollar vom 28.07.89 bis 27.07.90

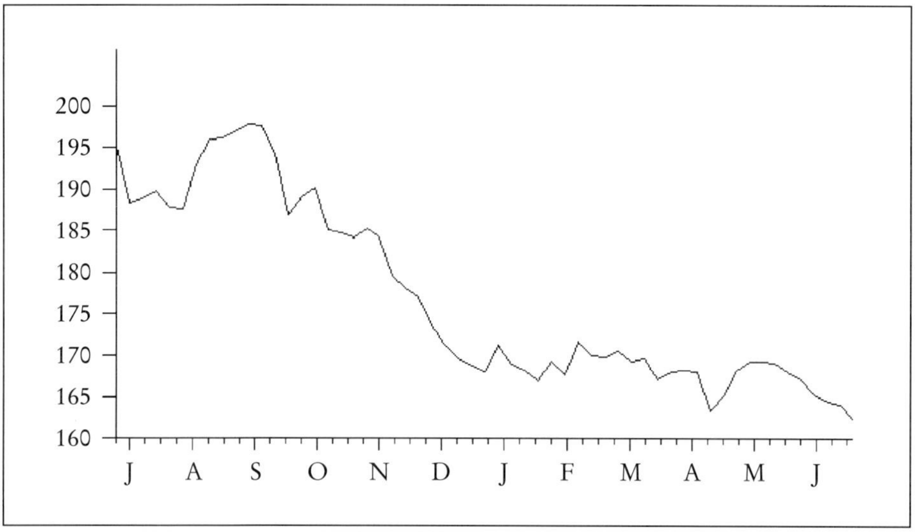

100 US-$ in DM

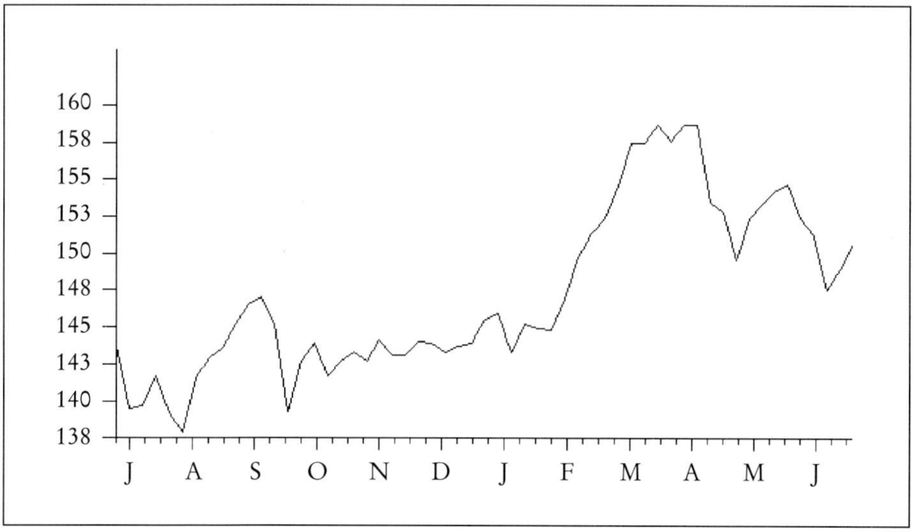

US-$ in Yen

Dow-Jones-Index und DAX vom 28.07.89 bis 27.07.90

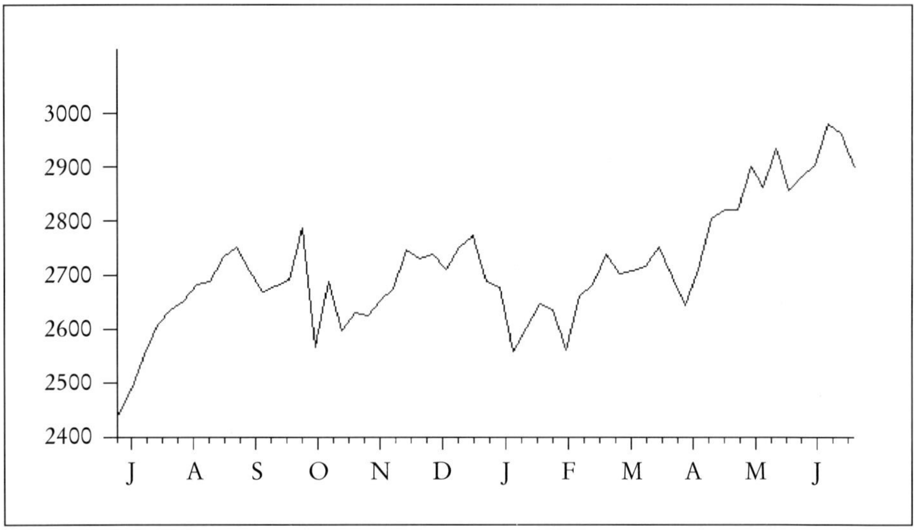

Dow-Jones-Index

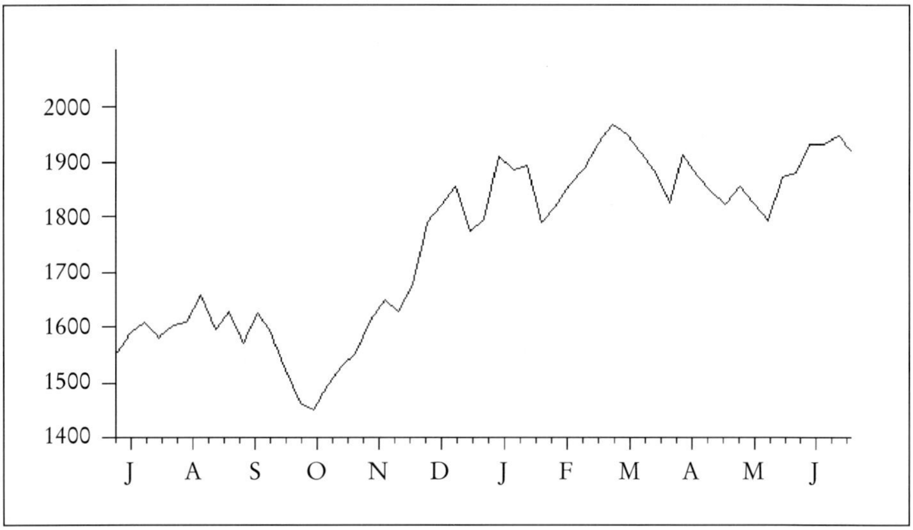

DAX

Kreuzen Sie bei »Aktien« und »Anleihen« an, welche der folgenden Empfehlungen Sie abgegeben hätten:

Aktien

- ○ weltweit uneingeschränkt kaufen
- ○ kaufen; US-Aktien übergewichten
- ○ kaufen; europäische Aktien übergewichten
- ○ weltweit gut haltenswert, Zukäufe möglich
- ○ weltweit gut haltenswert, Zukäufe in den USA möglich
- ○ weltweit gut haltenswert, Zukäufe in Europa möglich
- ○ in Europa Teilverkäufe, US-Aktien noch haltenswert
- ○ in den USA Teilverkäufe, europäische Aktien noch haltenswert
- ○ in Europa 50 Prozent und in den USA 25 Prozent der Aktien verkaufen
- ○ in den USA 50 Prozent und in Europa 25 Prozent der Aktien verkaufen
- ○ weltweit uneingeschränkt verkaufen

Anleihen

- ○ weltweit Anleihen mit langen Laufzeiten kaufen
- ○ weltweit Anleihen mit kurzen Laufzeiten kaufen
- ○ europäische Anleihen mit langen Laufzeiten kaufen
- ○ europäische Anleihen mit kurzen Laufzeiten kaufen
- ○ US-Anleihen mit langen Laufzeiten kaufen
- ○ US-Anleihen mit kurzen Laufzeiten kaufen
- ○ US-Anleihen noch halten, europäische Anleihen abstoßen
- ○ europäische Anleihen noch halten, US-Titel abstoßen
- ○ gegenüber Aktien zur Zeit eindeutig untergewichten

Empfehlung

Aktien:
weltweit uneingeschränkt verkaufen.

Anleihen:
europäische Anleihen mit kurzen Laufzeiten kaufen.

Begründung

Die relativ hohen Zinsen speziell in Deutschland locken bereits zum Kauf von langlaufenden Anleihen, zumal einiges für einen baldigen Rückgang der Zinsen spricht. Die derzeitige Zinshöhe von 8,5 Prozent bei deutschen Anleihen erscheint recht attraktiv.

Spekulative Anleger riskieren schon einen Kauf von Langläufern, konservative Anleger warten wegen der unklaren Trends bei den Rohstoffpreisen noch ab und bevorzugen die kurzen Laufzeiten.

US-Anleihen sollte man noch meiden, solange der Dollar Schwächen zeigt.

Die Rohstoffpreise haben seit März (Gold) bzw. Mai (Metall- und Moody-Index) vorübergehend Entwarnung für die Zinsen gegeben; möglicherweise hat dies eine Aktienbaisse bisher verhindert. Nun aber besteht die Gefahr eines erneuten Anstiegs der Rohstoffpreise, der auch die Zinsen wieder nach oben in Bewegung bringen könnte.

Der Dow-Jones-Utility-Index hat zuletzt einen neuen Tiefkurs erreicht und damit ein deutliches Warnsignal für Aktien gegeben, das man nicht unterschätzen sollte. Bisher hat sich der Aktien-Gesamtmarkt den Verkaufsignalen des Utility-Index widersetzt. Aber noch bleiben sie gefährdet.

Der Dollar hat auf DM-Basis ein neues Tief erreicht. Auch dies bedeutet zumindest für europäische Aktien anhaltende Gefahr.

Internationale Aktienmärkte: Die Börsen tendieren seit Dezember 1989 »seitwärts« und befinden sich immer noch in der Nähe ihrer Höchstkurse. In der Vergangenheit konnte nach einem kräftigen Zinsanstieg erst dann Entwarnung gegeben werden, wenn die Aktienindizes wenigstens um rund zehn Prozent nach unten korrigiert hatten. Das ist bisher noch nicht geschehen.

Könnte es sein, daß die Aktien unter einem so starken Aufwärtsdruck stehen, daß sie steigenden Zinsen, fallendem Dollar und abwärtsgerichtetem Utility-Index widerstehen? Das wäre dann eine historische Ausnahmesituation, immerhin angesichts der bevorstehenden deutschen Wiedervereinigung nicht undenkbar.

Aber das müßte sich erst noch erweisen. Angesichts der jüngsten Warnsignale des Utility und der attraktiven Zinsen (ohne großes Risiko 8,5 Prozent Rendite) sollte man seiner Sache schon sehr sicher sein, ehe man sich in der jetzigen Situation auf das Abenteuer einläßt, Aktien nach zweieinhalbjähriger Hausse bei hohem Kursniveau zu halten oder gar noch zu kaufen.

Fazit: Wer nicht schon längst aufgrund der steigenden Zinsen das Feld am Aktienmarkt geräumt hat, sollte es jetzt tun und auf günstigere Kaufgelegenheiten warten.

Zur Information

Von unserem Stichtag aus ging es an den Aktienmärkten gemessen an ihren Indizes folgendermaßen weiter:

	Deutschland	Schweiz	USA
1 Monat	- 15 %	- 15 %	- 9 %
3 Monate	- 24 %	- 24 %	- 14 %
6 Monate	- 29 %	- 30 %	- 5 %

Trainingssatz 10

Trainingssatz 11

Aktienmärkte im Bann des Golfkriegs

25. Januar 1991

Schwierigkeitsgrad: ✦

Wirtschafts- und Börsenlage

Der Überfall Iraks auf Kuwait Anfang August 1990 gab den letzten Anstoß zu einer Aktienbaisse, die aufgrund der gestiegenen Zinsen schon in den ersten Monaten des Jahres 1990 hätte kommen müssen. Lediglich die euphorische Stimmung angesichts des Niedergangs des Kommunismus hatte sie offenbar hinausgezögert. Nun erlebte man, daß damit noch längst nicht alle Krisenherde dieser Welt beseitigt waren.

Die Weigerung Iraks, aus Kuwait abzuziehen, hat nun zum offenen Krieg mit den USA geführt, der seit einer Woche andauert. Die Börsen reagierten auf den Beginn der bewaffneten Auseinandersetzungen zunächst positiv. Aber die anfängliche Euphorie ist inzwischen einer nüchternen Beurteilung gewichen; der DAX hat in der vergangenen Woche seine Gewinne bereits wieder abgegeben.

An den Anleihemärkten wurde der scharfe Rückgang des Rohölpreises von 30 Dollar auf 20 Dollar positiv registriert. Er wirkte sich vor allem auf die US-Bonds aus.

Die Finanzprobleme im wiedervereinigten Deutschland werden aber nach Meinung der Börsenfachleute der Banken eine durchgreifende Zinssenkung in Europa verhindern. Zwar hat die konservative Regierung unter Helmut Kohl die Bundestagswahl gewonnen, was die Börse positiv registrierte, aber nach und nach wird deutlich, daß das wirtschaftliche und politische Zusammenwachsen der beiden Teile Deutschlands noch sehr viele Jahre in Anspruch nehmen wird.

So rät die Landesbank Rheinland-Pfalz, Anleihen erst wieder bei einem Niveau von über 9 Prozent zu kaufen. Die jüngste Zinserholung sei nur auf Spekulationen zurückzuführen, die Bundesbank habe sich beim G7-Treffen in New York verpflichtet, die Zinsen nicht weiter zu erhöhen.

Mit den schwindenden Hoffnungen auf eine baldige Beendigung des Golfkrieges ist auch der US-Dollar im Laufe der vergangenen Woche wieder unter Druck geraten und verlor über 2 Prozent. Neue US-Konjunkturzahlen, die nur einen Rückgang des Bruttosozialprodukts im vierten Quartal 1990 von 2,1 Prozent gegenüber erwarteten 3 bis 4 Prozent meldeten, verhalfen heute dem Dollar wenigstens zu einer kurzfristigen Atempause.

Über die Aussichten an den Aktienmärkten sind die Meinungen geteilt. Die Commerzbank sieht erst nach dem Ende des Krieges Spielraum für nachhaltig steigende Kurse. Dann könne auch eine neue »Ostphantasie« aufkommen, sobald in den neuen Bundesländern erste Anzeichen einer wirtschaftlichen Besserung erkennbar seien.

Die Vereins- und Westbank meint, aus fundamentaler Sicht habe der Aktienmarkt nach Beendigung der Golfkrise vom derzeitigen Niveau aus deutliches Potential nach oben.

Anleihezinsen USA/Deutschland vom 26.01.90 bis 25.01.91

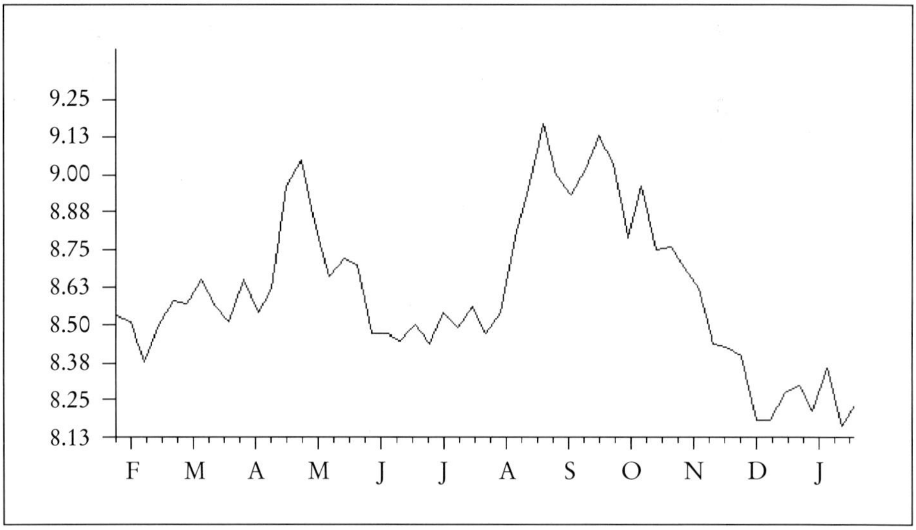

Rendite 30jährige US-T-Bonds

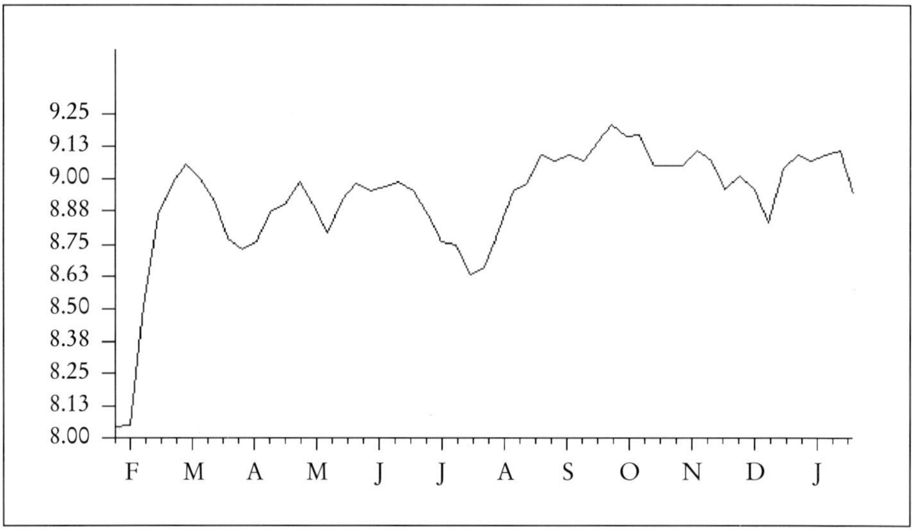

Umlaufrendite Anleihen Deutschland

Gold- und Metallpreise vom 26.01.90 bis 25.01.91

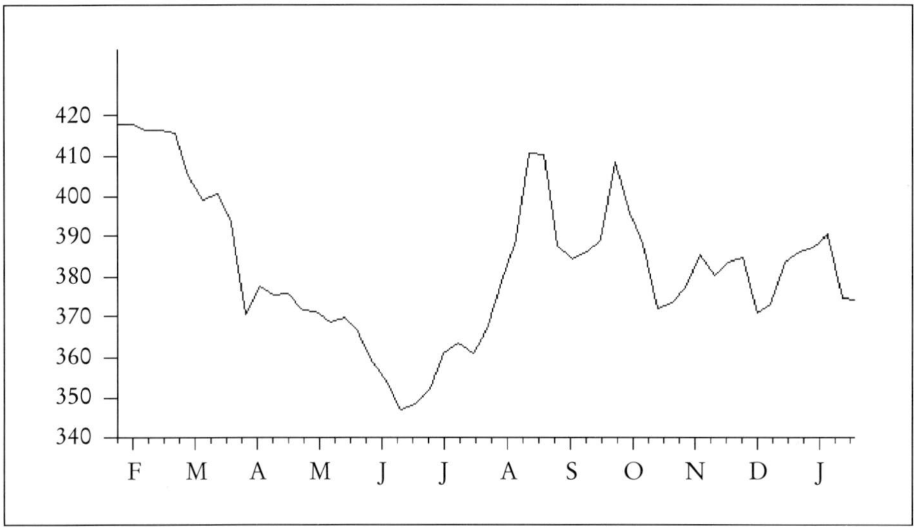

Gold $/Feinunze

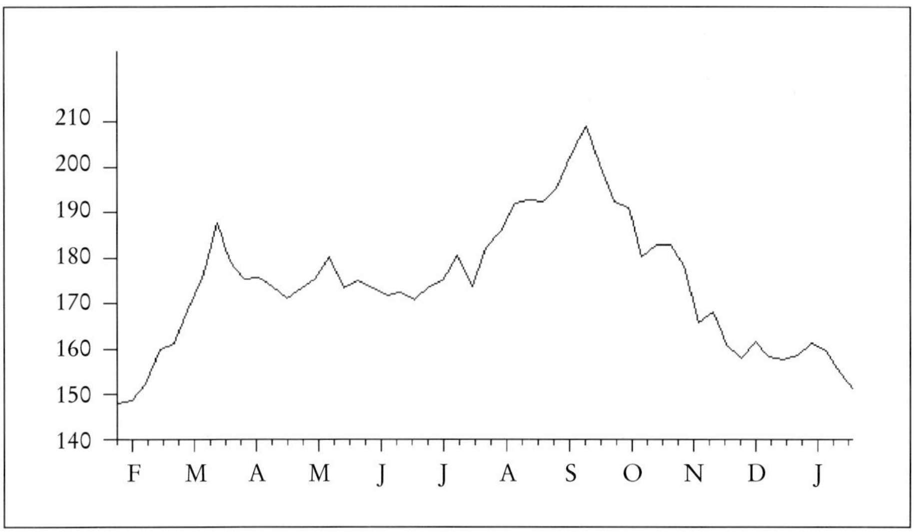

Metall-Index

Rohstoffpreise und US-Versorger vom 26.01.90 bis 25.01.91

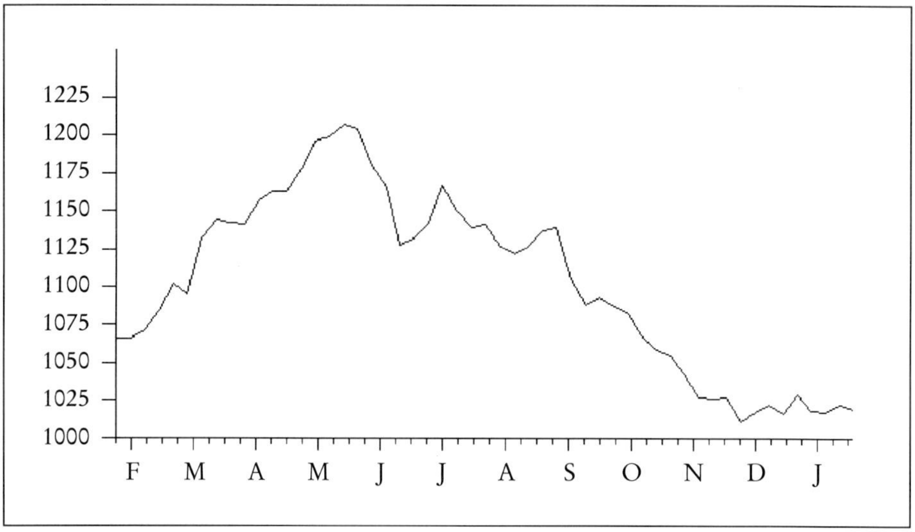

Moody-Index

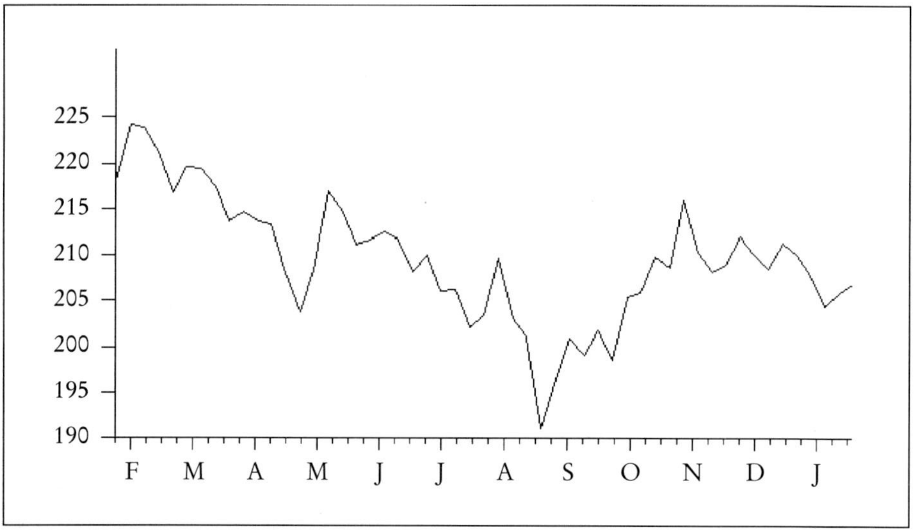

Dow-Jones-Utility-Index

US-Dollar vom 26.01.90 bis 25.01.91

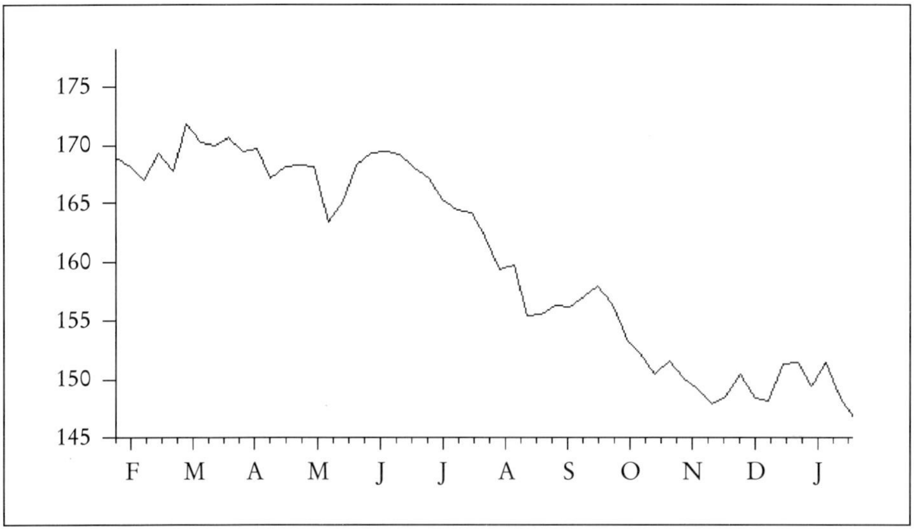

100 US-$ in DM

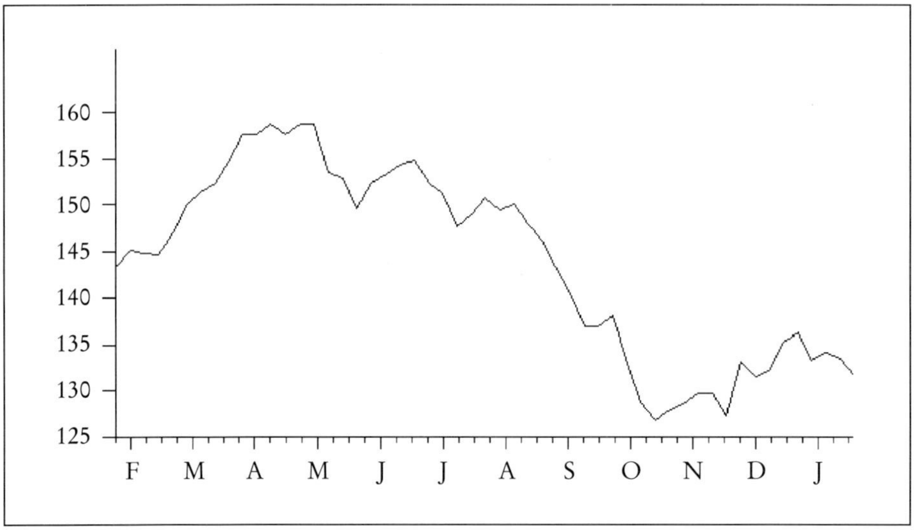

US-$ in Yen

Dow-Jones-Index und DAX vom 26.01.90 bis 25.01.91

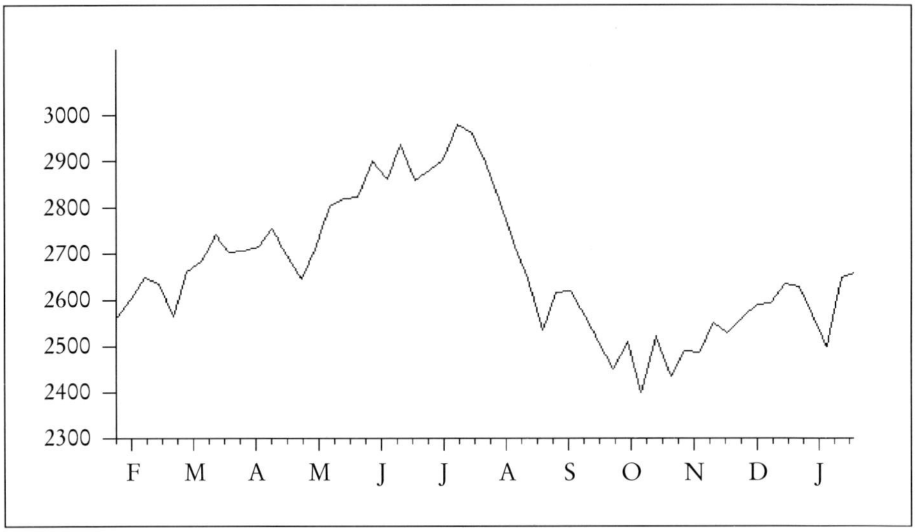

Dow-Jones-Index

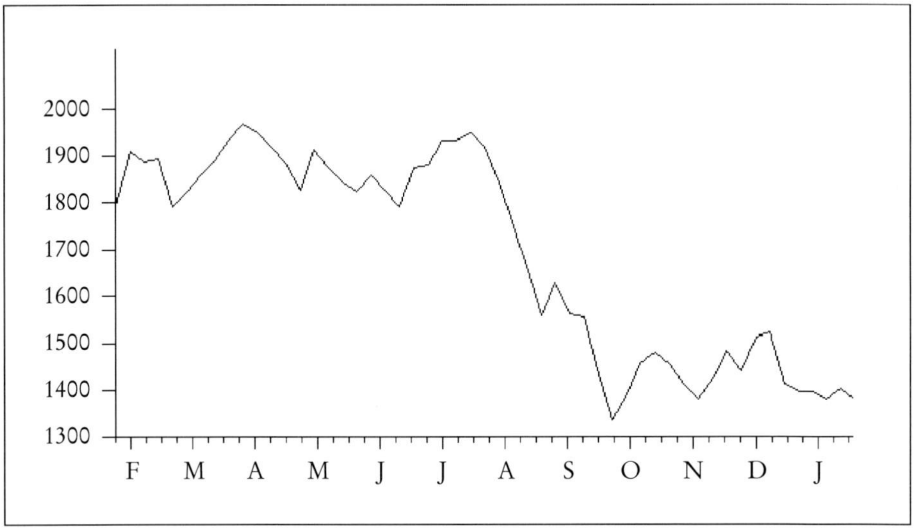

DAX

Kreuzen Sie bei »Aktien« und »Anleihen« an, welche der folgenden Empfehlungen Sie abgegeben hätten:

Aktien

○ weltweit uneingeschränkt kaufen
○ kaufen; US-Aktien übergewichten
○ kaufen; europäische Aktien übergewichten
○ weltweit gut haltenswert, Zukäufe möglich
○ weltweit gut haltenswert, Zukäufe in den USA möglich
○ weltweit gut haltenswert, Zukäufe in Europa möglich
○ in Europa Teilverkäufe, US-Aktien noch haltenswert
○ in den USA Teilverkäufe, europäische Aktien noch haltenswert
○ in Europa 50 Prozent und in den USA 25 Prozent der Aktien verkaufen
○ in den USA 50 Prozent und in Europa 25 Prozent der Aktien verkaufen
○ weltweit uneingeschränkt verkaufen

Anleihen

○ weltweit Anleihen mit langen Laufzeiten kaufen
○ weltweit Anleihen mit kurzen Laufzeiten kaufen
○ europäische Anleihen mit langen Laufzeiten kaufen
○ europäische Anleihen mit kurzen Laufzeiten kaufen
○ US-Anleihen mit langen Laufzeiten kaufen
○ US-Anleihen mit kurzen Laufzeiten kaufen
○ US-Anleihen noch halten, europäische Anleihen abstoßen
○ europäische Anleihen noch halten, US-Titel abstoßen
○ gegenüber Aktien zur Zeit eindeutig untergewichten

Empfehlung

Aktien:
kaufen; US-Aktien übergewichten.

Anleihen:
europäische Anleihen mit langen Laufzeiten kaufen.

Begründung

Die Zinsen sind vor allem in den USA deutlich gefallen und in einen Seitwärtstrend übergegangen. Die deutschen Anleihezinsen haben offenbar mit ihrer Abwärtsbewegung erst begonnen. Noch ist das Zinsniveau vor allem bei deutschen Anleihen recht ansprechend. Bei US-Anleihen stören der schwache Dollar und das schon relativ niedrige Zinsniveau. Wer also Anleihen kaufen will, sollte sich zur Zeit für europäische Titel entscheiden.

Die Rohstoffpreise befinden sich auch nach Beginn der Kämpfe in Kuwait und Irak insgesamt im Abwärtstrend und haben damit für die Zinsen Entwarnung gegeben. Zwar kann man beim Goldpreis und beim Moody-Index inzwischen von einer Seitwärtsbewegung sprechen; der Metall-Index deutet jedoch noch auf weiter sinkende Preise hin.

Der Dow-Jones-Utility-Index hatte mit seinem Anstieg bereits im September und Oktober die freundliche Stimmung bei den Zinsen vorweggenommen. Die jüngste Schwäche ist nicht recht erklärbar, es sei denn, es handelte sich bereits wieder um einen Hinweis auf steigende Zinsen. Doch noch wäre es für eine solche Deutung zu früh.

Der Dollar hat gegenüber der DM ein neues Tief erreicht, während er sich gegenüber dem Yen inzwischen gut behauptet. Die Dollarschwäche ist der einzige negative Indikator hinsichtlich deutscher und europäischer Aktien.

Internationale Aktien sind aufgrund der freundlichen Zinsen und Preise sowie des niedrigen Kursniveaus kaufenswert. Dazu kommt, daß Aktien gegenüber Anleihen besonders attraktiv sind, da der US-Anleihenmarkt aufgrund der relativ niedrigen Zinsen bereits ausgereizt erscheint.

Europäische Aktien sollte man gegenüber US-Titeln noch untergewichten und eine Stabilisierung des Dollarkurses abwarten. Wer hier kauft, könnte sich zunächst auf Finanztitel beschränken, die ja weniger anfällig für Währungsschwankungen sind. Vor allem deutsche Exportwerte sollte man noch meiden.

Zur Information

Von unserem Stichtag aus ging es an den Aktienmärkten gemessen an ihren Indizes folgendermaßen weiter:

	Deutschland	Schweiz	USA
1 Monat	+ 14 %	+ 15 %	+ 9 %
3 Monate	+ 12 %	+ 21 %	+ 13 %
6 Monate	+ 13 %	+ 19 %	+ 13 %
11 Monate	+ 13 %	- 2 %	+ 17 %

Trainingssatz 11

Trainingssatz 12

Zentralbanken sorgen durch gegenläufige Zinsmaßnahmen für Turbulenzen

27. Dezember 1991

Schwierigkeitsgrad: ✦✦

Wirtschafts- und Börsenlage

Seit Ende Juni 1991 ist die Aufwärtsbewegung an den internationalen Aktienmärkten ins Stocken geraten. Zunächst erschien das verständlich, denn die Zinsen waren seit Februar wieder deutlich gestiegen.

Aber warum blieb insbesondere die deutsche Börse in der *zweiten* Jahreshälfte 1991 so schwach, trotz wieder sinkender Zinsen und Preise?

In Deutschland traute man den sinkenden Anleihezinsen nicht, denn die Bundesbank machte immer wieder deutlich, daß sie derzeit aufgrund der hohen Verschuldung zur Integration der neuen Bundesländer bis auf weiteres keine Möglichkeit zu einer Lockerung der Zinsschraube sieht.

Und in der Tat hat sie gerade erst wieder, am 19. Dezember 1991, den Diskontsatz von 7,5 Prozent auf 8 Prozent erhöht; das ist der höchste Nachkriegsstand.

Um so überraschender kam dann am 20. Dezember 1991 die Diskontsenkung in den USA um einen vollen Prozentpunkt von 4,5 Prozent auf 3,5 Prozent. Die US-Zentralbank machte damit deutlich, daß sie entschlossen ist, mit einer weitreichenden Lockerung der geldpolitischen Zügel die US-Wirtschaft aus ihrer Rezession herauszuholen.

Für den Kurs des US-Dollars ist freilich eine so gegenläufige Zinspolitik der Zentralbanken ein Baisse-Signal. Sein Kurs wurde am Freitag, den 20. Dezember, um rund zwei Pfennig auf 1,5360 DM gedrückt. In der abgelaufenen Woche gab er dann weiter bis auf 1,5190 DM nach.

Wie wird es an den Börsen weitergehen? In New York reagierte der Aktienmarkt bereits euphorisch. Der Dow-Jones-Index erreichte heute mit 3083 Punkten ein neues Rekordhoch.

Auch der DAX erholte sich leicht.

Die Deutsche Bank weist darauf hin, daß mit der jüngsten Leitzinserhöhung in Deutschland das Ende der Zinsschraube erreicht sein könnte. Aber der deutsche Aktienmarkt weise eine schwache Struktur auf und bleibe anfällig für eine erneute Korrektur. Käufe sollten daher vorläufig unterbleiben.

Auch die Hamburger Berenberg Bank mahnt zur Vorsicht bei Aktienanlagen. 1992 werde kein einfaches Jahr für Dividendentitel. »Die asynchron verlaufende Weltkonjunktur und strukturelle Verschiebungen machen ein behutsames und differenziertes Vorgehen erforderlich.«

Die Vereins- und Westbank weist hingegen auf die Verbesserung der Unternehmensergebnisse und die auch in Deutschland berechtigte Zinssenkungsphantasie hin. Dies lasse einen »guten Börsenjahrgang 1992« erwarten.

Anleihezinsen USA/Deutschland vom 28.12.90 bis 27.12.91

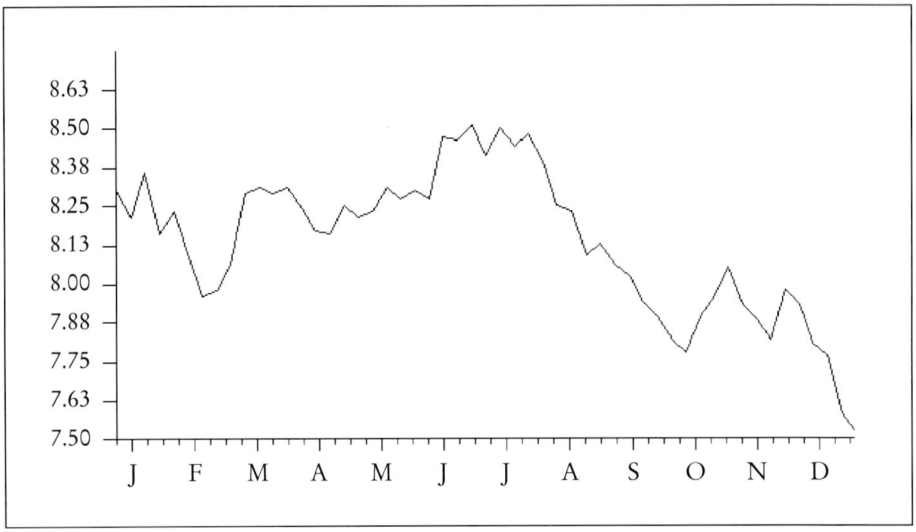

Rendite 30jährige US-T-Bonds

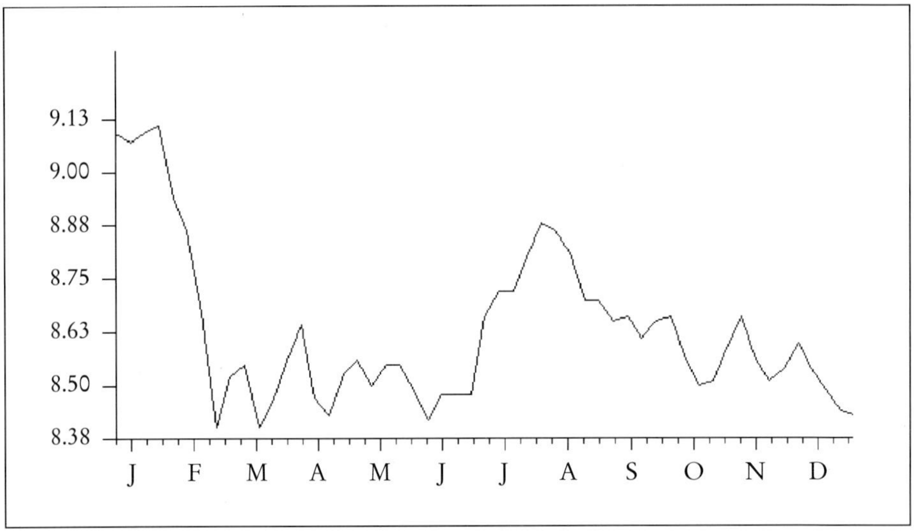

Umlaufrendite Anleihen Deutschland

Gold- und Metallpreise vom 28.12.90 bis 27.12.91

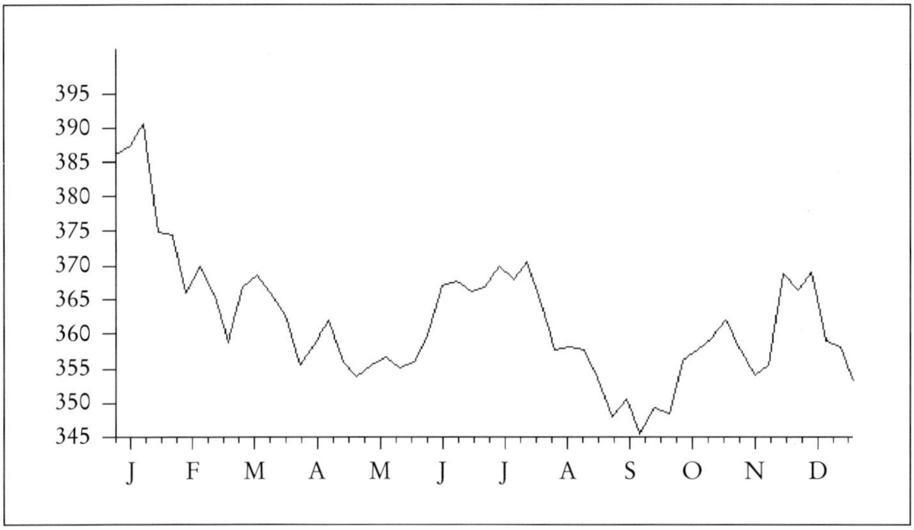

Gold $/Feinunze

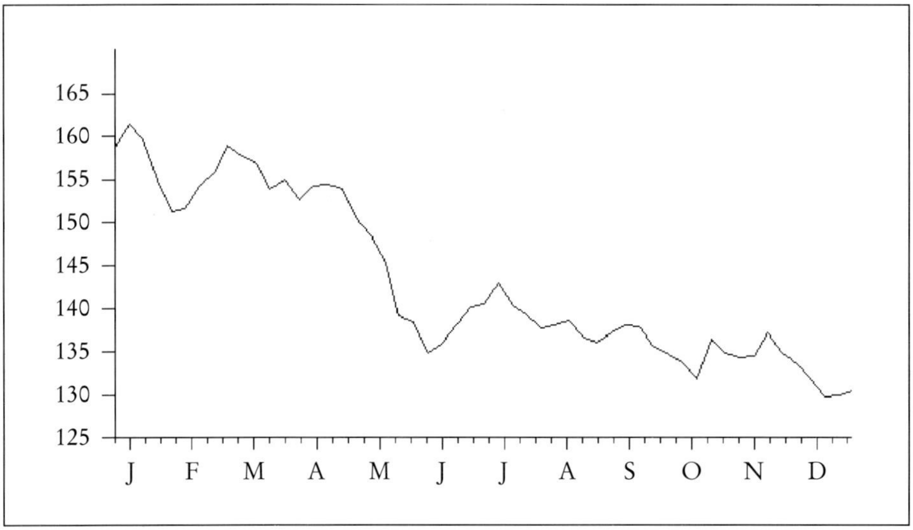

Metall-Index

Rohstoffpreise und US-Versorger vom 28.12.90 bis 27.12.91

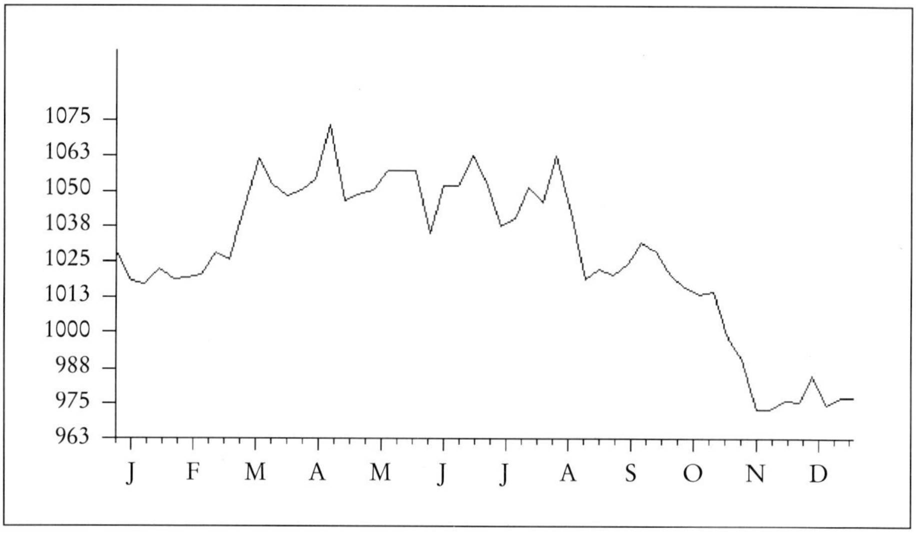

Moody-Index

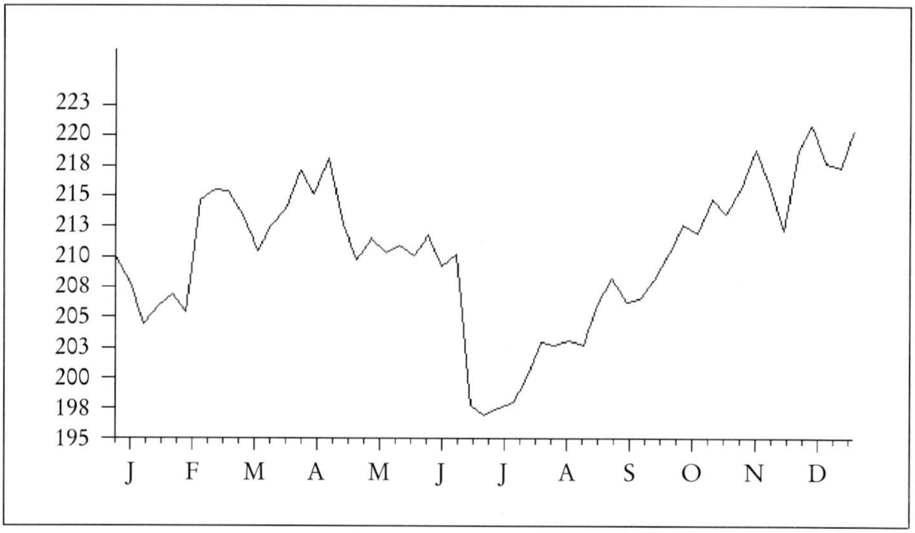

Dow-Jones-Utility-Index

US-Dollar vom 28.12.90 bis 27.12.91

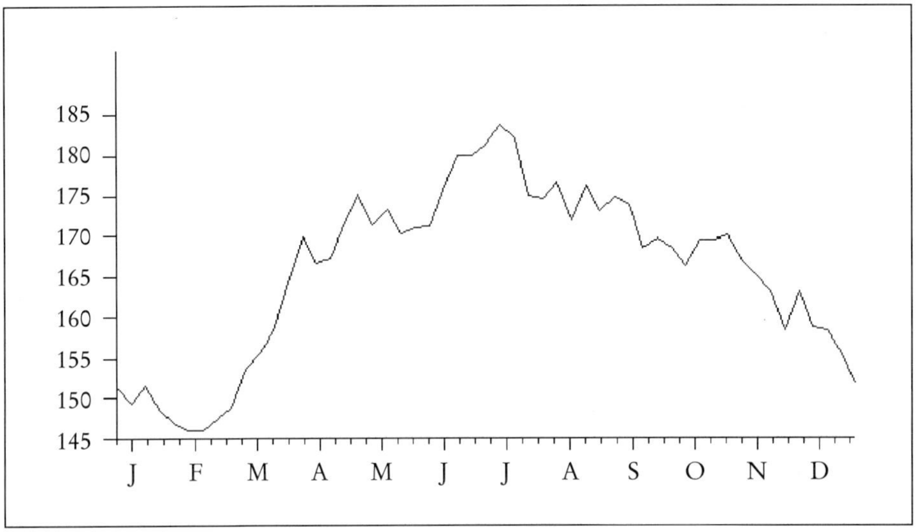

100 US-$ in DM

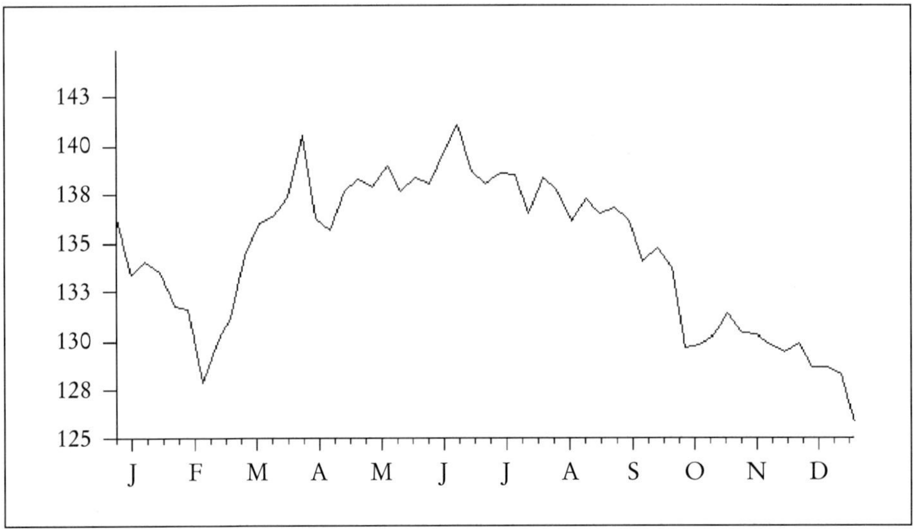

US-$ in Yen

Dow-Jones-Index und DAX vom 28.12.90 bis 27.12.91

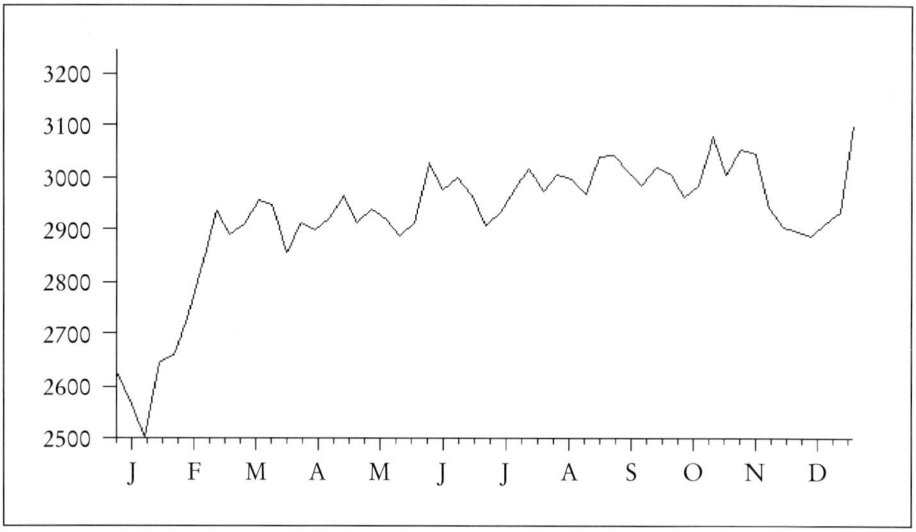

Dow-Jones-Index

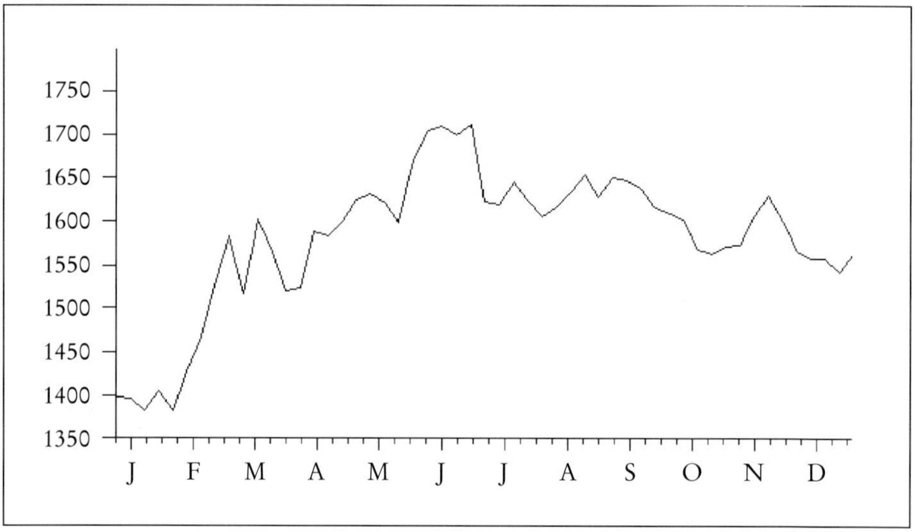

DAX

Kreuzen Sie bei »Aktien« und »Anleihen« an, welche der folgenden Empfehlungen Sie abgegeben hätten:

Aktien

- ○ weltweit uneingeschränkt kaufen
- ○ kaufen; US-Aktien übergewichten
- ○ kaufen; europäische Aktien übergewichten
- ○ weltweit gut haltenswert, Zukäufe möglich
- ○ weltweit gut haltenswert, Zukäufe in den USA möglich
- ○ weltweit gut haltenswert, Zukäufe in Europa möglich
- ○ in Europa Teilverkäufe, US-Aktien noch haltenswert
- ○ in den USA Teilverkäufe, europäische Aktien noch haltenswert
- ○ in Europa 50 Prozent und in den USA 25 Prozent der Aktien verkaufen
- ○ in den USA 50 Prozent und in Europa 25 Prozent der Aktien verkaufen
- ○ weltweit uneingeschränkt verkaufen

Anleihen

- ○ weltweit Anleihen mit langen Laufzeiten kaufen
- ○ weltweit Anleihen mit kurzen Laufzeiten kaufen
- ○ europäische Anleihen mit langen Laufzeiten kaufen
- ○ europäische Anleihen mit kurzen Laufzeiten kaufen
- ○ US-Anleihen mit langen Laufzeiten kaufen
- ○ US-Anleihen mit kurzen Laufzeiten kaufen
- ○ US-Anleihen noch halten, europäische Anleihen abstoßen
- ○ europäische Anleihen noch halten, US-Titel abstoßen
- ○ gegenüber Aktien zur Zeit eindeutig untergewichten

Empfehlung

Aktien:
kaufen; US-Aktien übergewichten.

Anleihen:
europäische Anleihen mit langen Laufzeiten kaufen.

Begründung

Die Zinsen haben eine kräftige Talfahrt hinter sich; US-Bonds melden neue Tiefs, während die deutschen Zinsen das schon erreichte Niveau vom Februar und Mai erneut zu unterbieten suchen. Nun entwickeln sich die Anleihezinsen in den USA und Europa erfahrungsgemäß auch bei gegenläufiger Politik der Zentralbanken nicht unterschiedlich. Vielmehr kann erwartet werden, daß die deutschen Zinsen früher oder später mit nach unten gezogen werden.

Noch ist das Zinsniveau vor allem bei deutschen Anleihen recht ansprechend; man erhält noch über 8 Prozent Rendite. US-Bonds bieten hingegen eine geringere Rendite von nur gut 7 Prozent, die bei einem weiteren Abwärtstrend des Dollars noch geschmälert würde. Bei DM-Anleihen kann man aus derzeitiger Sicht durchaus langlaufende Papiere wählen (10 Jahre).

Die Rohstoffpreise haben ebenfalls Entwarnung für die Zinsen gegeben. Ob die letzte Formation beim Goldpreis schon eine Wende bedeutet, muß offen bleiben. Für die nächsten Monate scheint kein erneuter Anstieg bei Preisen und Zinsen zu drohen.

Der Dow-Jones-Utility-Index ist zur Zeit unser positivster Indikator für Aktien; er gibt besonders für die US-Börse einen weiteren Aufwärtstrend vor.

Der Dollar bereitet noch Sorge. Zur Zeit fällt er ungebremst – kein Wunder bei der gegenläufigen Politik der Zentralbanken. Für europäische Aktien, speziell für die Exportwerte, ist das ein schwerer Nachteil, auch wenn sonst alle Indikatoren positive Signale senden.

Internationale Aktien sind insgesamt aufgrund der freundlichen Zinsen und Preise weiter kaufenswert, trotz des schon hohen Niveaus des Dow-Jones-

Index. Zwar besteht immer eine gewisse Hemmschwelle vor einem Einstieg in Werte, die soeben einen neuen absoluten Höchstkurs erzielt haben. Aber europäische Anleger können ja jetzt die US-Aktien zu einem preiswerten Dollarkurs erwerben.

Europäische Aktien haben ebenfalls eine gute Chance auf Erholung, sobald sich der US-Dollar stabilisiert hat. Man könnte aber auch schon jetzt in kleinerem Umfang in europäische Aktien einsteigen und dabei Bank-und Versicherungstitel bevorzugen, die in der Regel von einem schwachen Dollar weniger stark betroffen sind.

Zur Information

Von unserem Stichtag aus ging es an den Aktienmärkten gemessen an ihren Indizes folgendermaßen weiter:

	Deutschland	Schweiz	USA
1 Monat	+ 8 %	+ 4 %	+ 4 %
3 Monate	+ 10 %	+ 6 %	+ 4 %
6 Monate	+ 10 %	+ 4 %	+ 6 %

Trainingssatz 12

Trainingssatz 13

Dollarschwäche und deutsche Hochzinspolitik

26. Juni 1992

Schwierigkeitsgrad: ✦✦

Wirtschafts- und Börsenlage

Zum Jahresanfang 1992 waren besonders europäische Aktien sehr gut gelaufen, da just zur Jahreswende ein plötzlicher Anstieg des US-Dollars einsetzte. Die Dollarschwäche hatte Ende 1991 vor allem deutsche Aktien stark nach unten gedrückt.

Die neuesten US-Konjunkturzahlen lassen Zweifel an der Nachhaltigkeit des wirtschaftlichen Wachstums in den USA aufkommen. Die Bestellungen langlebiger Güter fielen zuletzt um 2,4 Prozent, und die Zahl der Hausverkäufe ging um 1,8 Prozent zurück. Schließlich stieg die Anzahl der Erstanträge für Arbeitslosenunterstützung. Damit ist ein Rückfall in die Rezession nicht auszuschließen. Man befürchtet, daß die schwache Konjunktur auch zu unterdurchschnittlichen Unternehmensgewinnen führt.

Zur Unterstützung der US-Konjunktur wird daher in nächster Zeit mit einer weiteren Senkung der Leitzinsen gerechnet, auch wenn Mitglieder der Zentralbank die Meinung geäußert haben, der konjunkturelle Aufschwung werde sich auch ohne weitere Zinssenkungen fortsetzen.

In Europa ist die Lage komplizierter, weil die Deutsche Bundesbank wegen der gestiegenen Geldmenge immer noch eine Hochzinspolitik betreibt, europäische Nachbarländer wie Frankreich jedoch bereits gegen eine drohende Rezession kämpfen müssen.

Zurückgehende Neuzulassungszahlen bei Kraftfahrzeugen in Deutschland belasten zur Zeit die Automobiltitel.

Zusätzlich verunsichern die kräftigen Kursverluste in Tokio, wo der tiefste Stand seit Oktober 1986 erreicht wurde, sowie die Dollarschwäche, die immer mehr zu einer Belastung für die europäischen Börsen wird.

Nachdem der *steigende* Dollarkurs beim Kursaufschwung in Europa in diesem Jahr eine wichtige Rolle gespielt hat, stellt sich freilich jetzt die Frage, ob der erneut *schwächere* Dollar nicht schon wieder zur Vorsicht mahnt, zumal Zinsen und Preise zuletzt ebenfalls wieder deutlich im Aufwärtstrend lagen. Die Experten der Banken geben sich allerdings recht zuversichtlich; der Kurstrend zeige immer noch nach oben. Die Bayerische Landesbank empfiehlt, auf charttechnische Kaufsignale für »Tradingkäufe« zu warten.

Anleihezinsen USA/Deutschland vom 28.06.91 bis 26.06.92

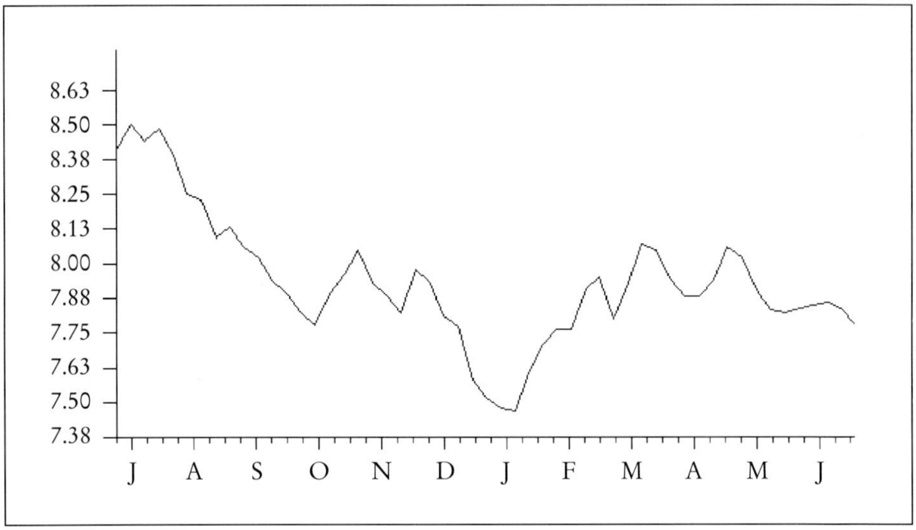

Rendite 30jährige US-T-Bonds

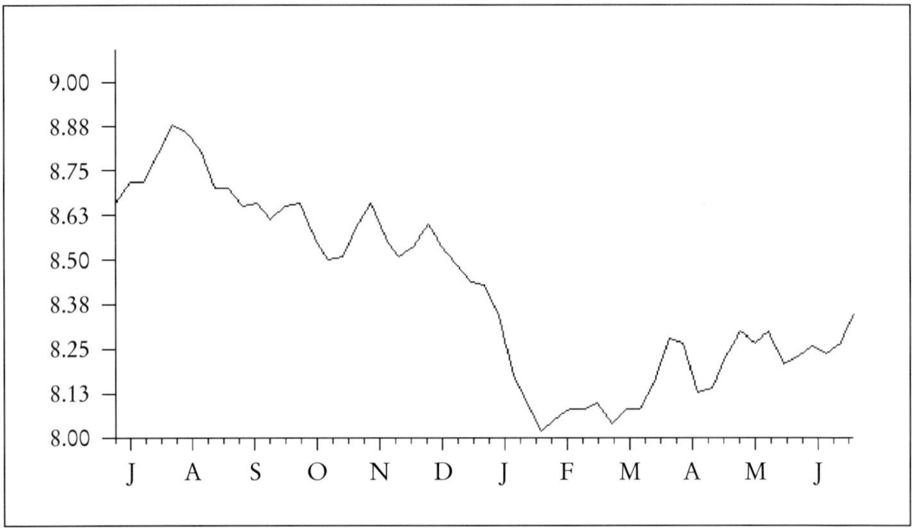

Umlaufrendite Anleihen Deutschland

Gold- und Metallpreise vom 28.06.91 bis 26.06.92

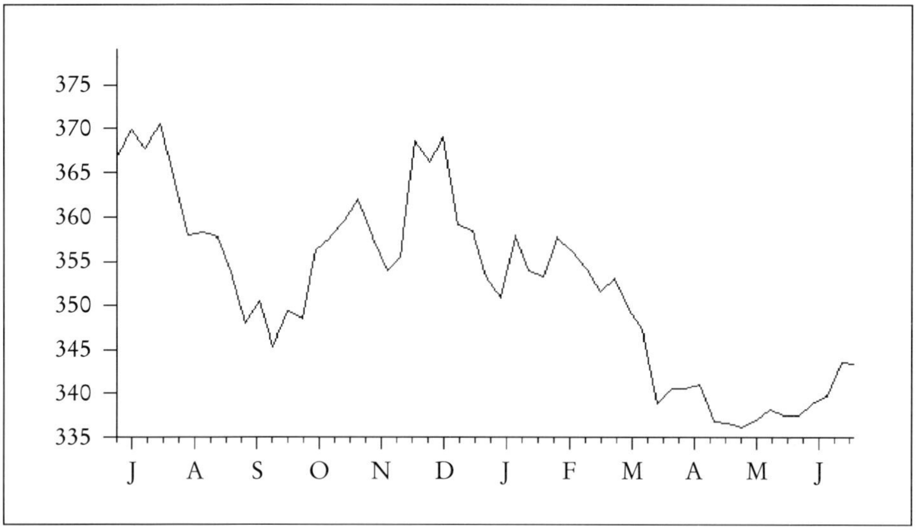

Gold $/Feinunze

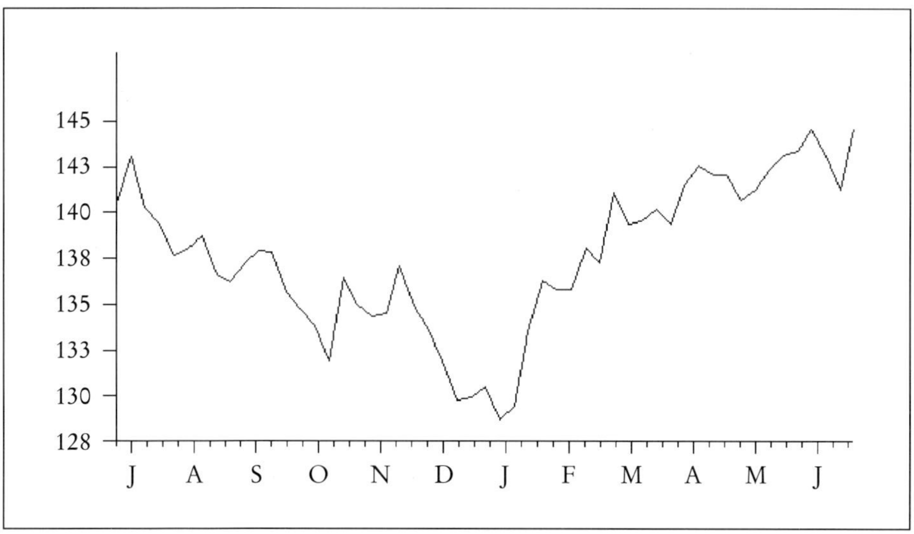

Metall-Index

Rohstoffpreise und US-Versorger vom 28.06.91 bis 26.06.92

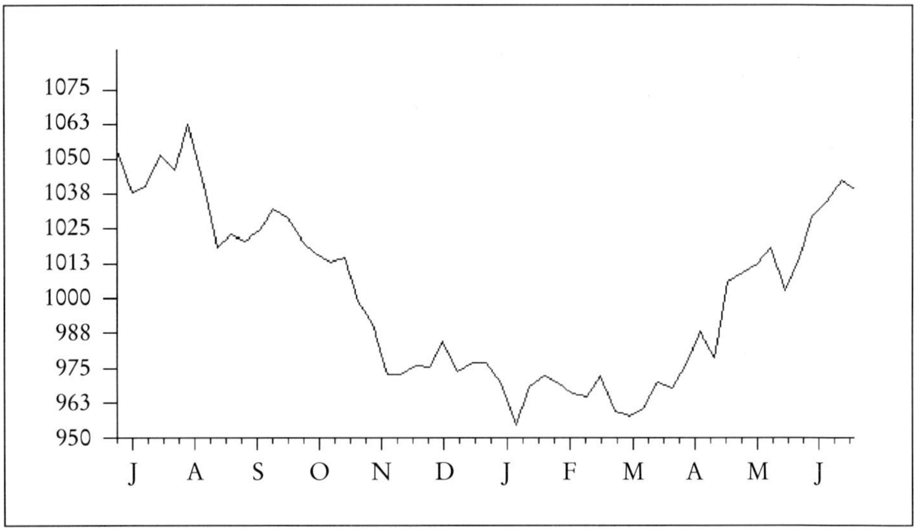

Moody-Index

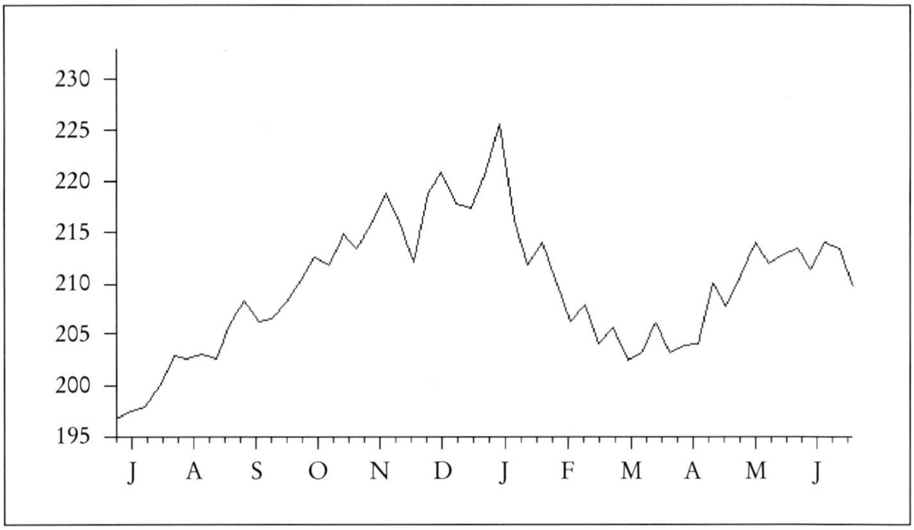

Dow-Jones-Utility-Index

US-Dollar vom 28.06.91 bis 26.06.92

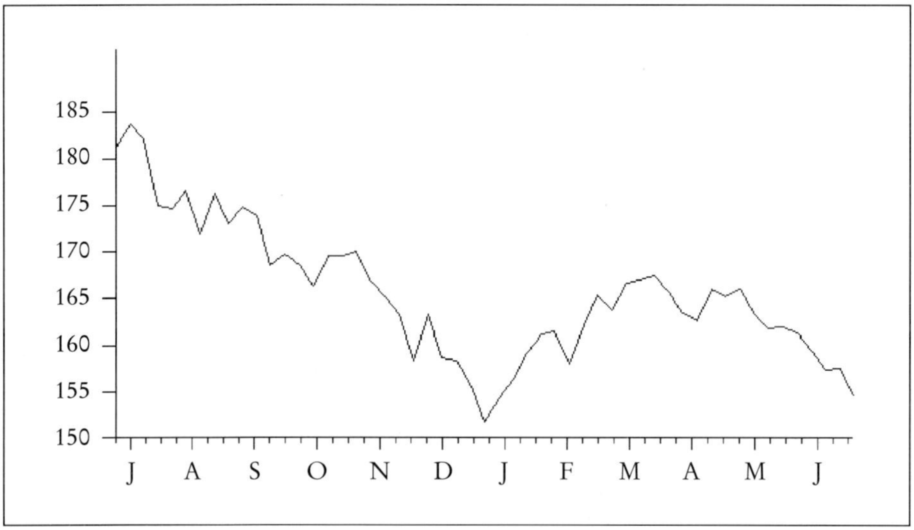

100 US-$ in DM

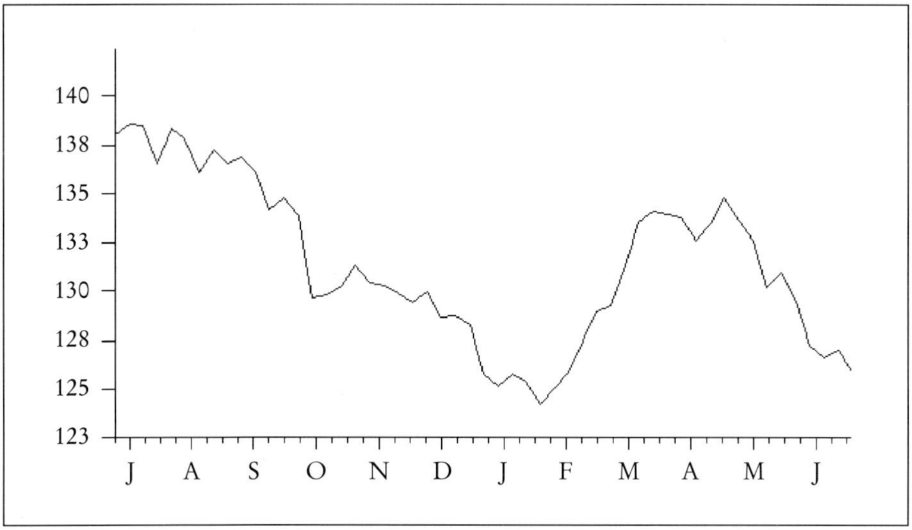

US-$ in Yen

Dow-Jones-Index und DAX vom 28.06.91 bis 26.06.92

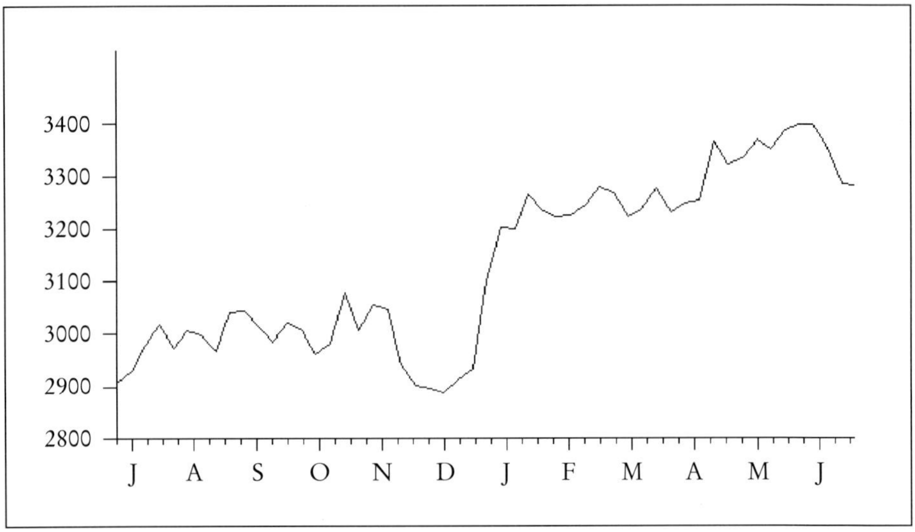

Dow-Jones-Index

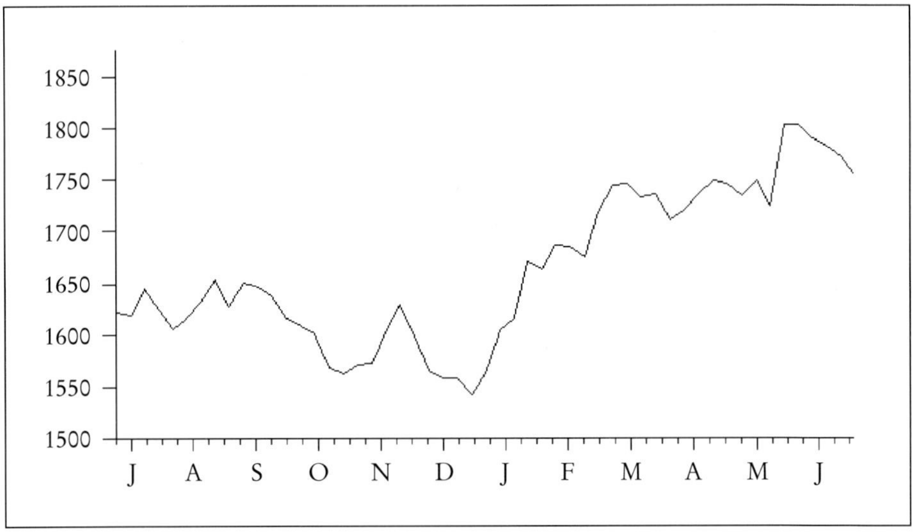

DAX

Kreuzen Sie bei »Aktien« und »Anleihen« an, welche der folgenden Empfehlungen Sie abgegeben hätten:

Aktien

- ○ weltweit uneingeschränkt kaufen
- ○ kaufen; US-Aktien übergewichten
- ○ kaufen; europäische Aktien übergewichten
- ○ weltweit gut haltenswert, Zukäufe möglich
- ○ weltweit gut haltenswert, Zukäufe in den USA möglich
- ○ weltweit gut haltenswert, Zukäufe in Europa möglich
- ○ in Europa Teilverkäufe, US-Aktien noch haltenswert
- ○ in den USA Teilverkäufe, europäische Aktien noch haltenswert
- ○ in Europa 50 Prozent und in den USA 25 Prozent der Aktien verkaufen
- ○ in den USA 50 Prozent und in Europa 25 Prozent der Aktien verkaufen
- ○ weltweit uneingeschränkt verkaufen

Anleihen

- ○ weltweit Anleihen mit langen Laufzeiten kaufen
- ○ weltweit Anleihen mit kurzen Laufzeiten kaufen
- ○ europäische Anleihen mit langen Laufzeiten kaufen
- ○ europäische Anleihen mit kurzen Laufzeiten kaufen
- ○ US-Anleihen mit langen Laufzeiten kaufen
- ○ US-Anleihen mit kurzen Laufzeiten kaufen
- ○ US-Anleihen noch halten, europäische Anleihen abstoßen
- ○ europäische Anleihen noch halten, US-Titel abstoßen
- ○ gegenüber Aktien zur Zeit eindeutig untergewichten

Empfehlung

Aktien:
weltweit uneingeschränkt verkaufen.

Anleihen:
europäische Anleihen mit kurzen Laufzeiten kaufen.

Begründung

Die Zinsen lassen zur Zeit keinen eindeutigen Trend erkennen. Aber das Gesamtbild stellt sich eher negativ dar, denn die deutschen Anleihezinsen haben nun das höchste Niveau seit einem halben Jahr erreicht. Zwar standen die Zinsen vor einem Jahr sogar noch wesentlich höher. Aber zunächst bedeutet ein Zinsanstieg immer Gefahr für den Aktienmarkt.

Zumindest besteht angesichts des letzten Trends der US-Zinsen Hoffnung, daß sich in den nächsten Monaten wieder eine sinkende Zinstendenz einstellen könnte. Vorläufig ist bei Anleihen nur zu kurzen Laufzeiten (1 bis 3 Jahre) zu raten; dabei sollte man wegen des derzeit fallenden Dollars und der höheren Rendite Anleihen aus dem europäischen Raum deutlich übergewichten.

Die Rohstoffpreise lassen ebenfalls steigende Zinsen befürchten. Denn der Goldpreis fällt nicht mehr, und Moody-Index sowie Metallpreise klettern eindeutig nach oben.

Der Dow-Jones-Utility-Index gibt gleichfalls keinen Anlaß, auf weitere Kurssteigerungen bei den Aktien zu hoffen. Schon seine letzte Erholung war von nur sehr begrenztem Ausmaß. Daß er nach unten gedreht hat, ohne zuvor seine letzten Hochs überboten zu haben, ist äußerst negativ zu bewerten.

Der Dollar hat sich auf DM- und Yen-Basis zunächst erholt und damit die Aktienmärkte in den Monaten gestärkt, in denen sie keine Unterstützung von der Zinsseite erhielten. Jetzt fällt er, und niemand weiß, ob er auf seinem letzten Tief innehält. Auch dies ist kein positives Signal für die europäischen Börsen.

Für die Aktienmärkte sieht es nicht gut aus. US-Aktien sind zwar weniger gefährdet als deutsche und andere europäische Titel. Erstens sind sie weniger empfindlich gegenüber Kursschwankungen des Dollars, zweitens weist die letzte Tendenz der US-Zinsen im Unterschied zu den DM-Zinsen nach unten. Andererseits bewegt sich auch der Dow-Jones-Index schon auf einem hohen Niveau, und eine Baisse in Europa könnte auch ihn gefährden. Warum sollte man nicht zunächst einmal aussteigen und zumindest solange abwarten, bis sich die Lage bei den Zinsen geklärt hat? Angesichts so zahlreicher negativer Indikatoren sollte jetzt Kasse gemacht werden, ehe es zu spät ist.

Zur Information

Von unserem Stichtag aus ging es an den Aktienmärkten gemessen an ihren Indizes folgendermaßen weiter:

	Deutschland	Schweiz	USA
1 Monat	- 9 %	- 5 %	+ 3 %
3 Monate	- 14 %	- 8 %	- 1 %
6 Monate	- 14 %	- 9 %	+ 1 %

Trainingssatz 13

Trainingssatz 14

Rezession und sinkende Unternehmensgewinne, aber Zinshoffnungen

23. Dezember 1992

Schwierigkeitsgrad: ✦

Wirtschafts- und Börsenlage

Zum Ausstieg aus den europäischen Aktienwerten war es Ende Juni 1992 bereits höchste Zeit. Eine weitere Zinsanhebung in Deutschland im Juli durch die Bundesbank und darauf folgende Kursstürze des Britischen Pfundes sowie der Italienischen Lira drohten die Pläne für eine europäische Währungsunion zunichte zu machen. Auch der Fall des US-Dollars setzte sich fort.

Selbst die US-Aktien, zunächst noch sehr stabil, rutschten bis Anfang Oktober um fünf Prozent nach unten, da auch die Renditen der Treasury-Bonds zu steigen drohten.

Im letzten Quartal 1992 kam es dann aber allmählich zu einer Kursberuhigung, als die Deutsche Bundesbank die Zinsen senkte und der US-Dollar sich erholte.

Zur Zeit ist die Grundstimmung zuversichtlich. Bezüglich der US-Konjunktur hofft man auf eine weitere Erholung; daher könnten die Aktienkurse in den USA in den nächsten Monaten noch steigen, meinen Aktienhändler. Nach einer jüngsten Umfrage des US-Handelsministeriums planen US-Unternehmen, im Jahre 1993 ihre Investitionen in neue Anlagen und Ausrüstungen um 7,6 Prozent zu erhöhen.

Die europäische Wirtschaft befindet sich inzwischen in einem beklagenswerten Zustand; in Deutschland und Frankreich droht Rezession. Die Gewinnaussichten der meisten europäischen Unternehmen für 1993 mußten stark nach unten korrigiert werden. Immerhin rechnet man mit einer weiteren Lockerung der Leitzinsen durch die europäischen Zentralbanken.

Die Commerzbank schreibt in ihrem neuesten Wochenbericht: »Weil der Markt die negativen fundamentalen Daten wieder einmal zu ignorieren scheint, kann sich die freundliche Börsenverfassung bis in das neue Jahr hinein fortsetzen.« Eine solche Entwicklung biete jedoch für den Privatanleger kaum eine lohnende Gelegenheit für Anlagekäufe, meint das Institut.

Anleihezinsen USA/Deutschland vom 27.12.91 bis 23.12.92

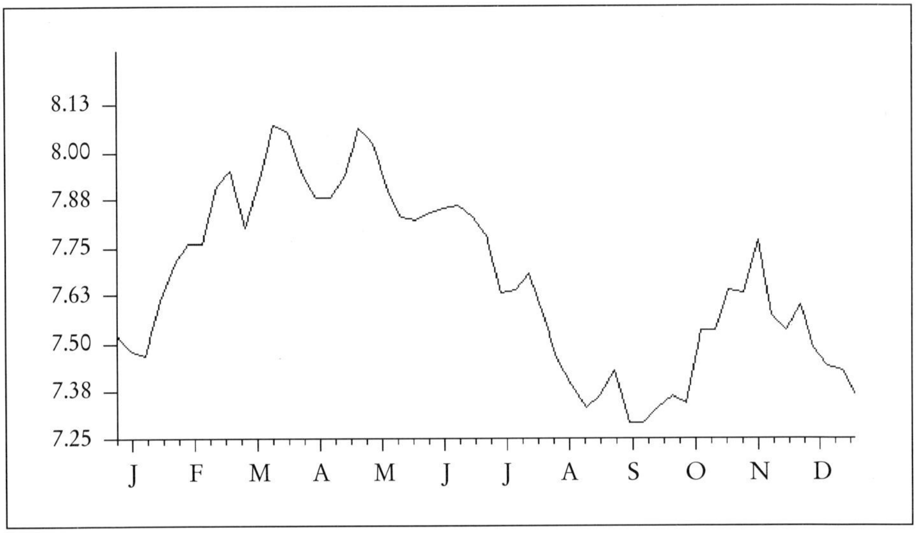

Rendite 30jährige US-T-Bonds

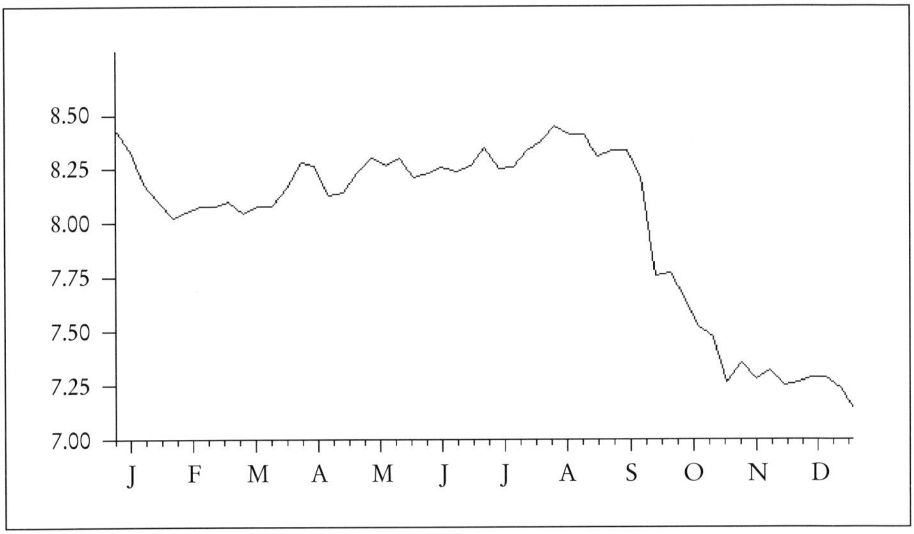

Umlaufrendite Anleihen Deutschland

Gold- und Metallpreise vom 27.12.91 bis 23.12.92

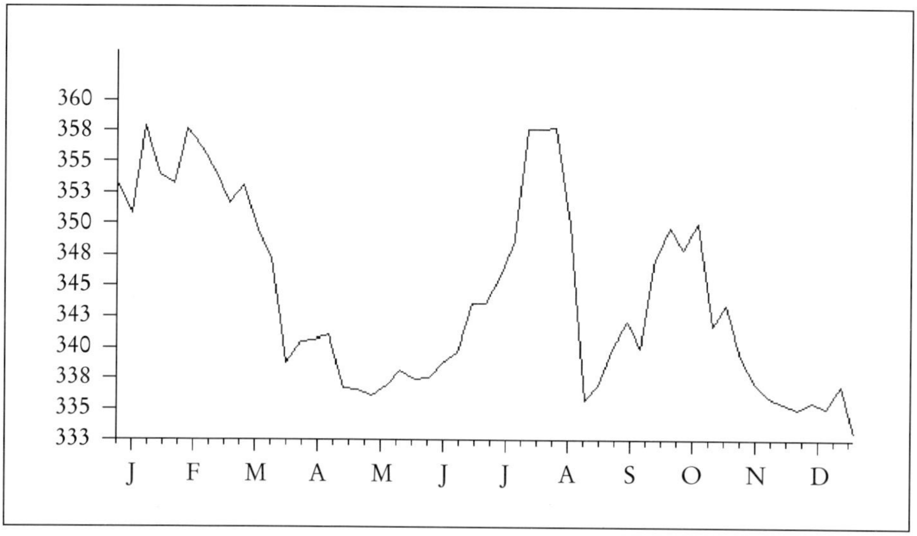

Gold $/Feinunze

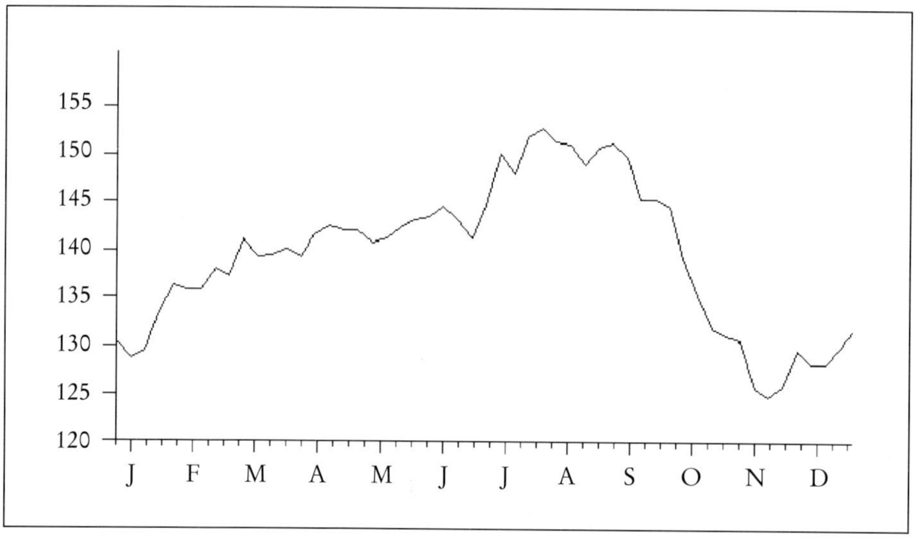

Metall-Index

Rohstoffpreise und US-Versorger vom 27.12.91 bis 23.12.92

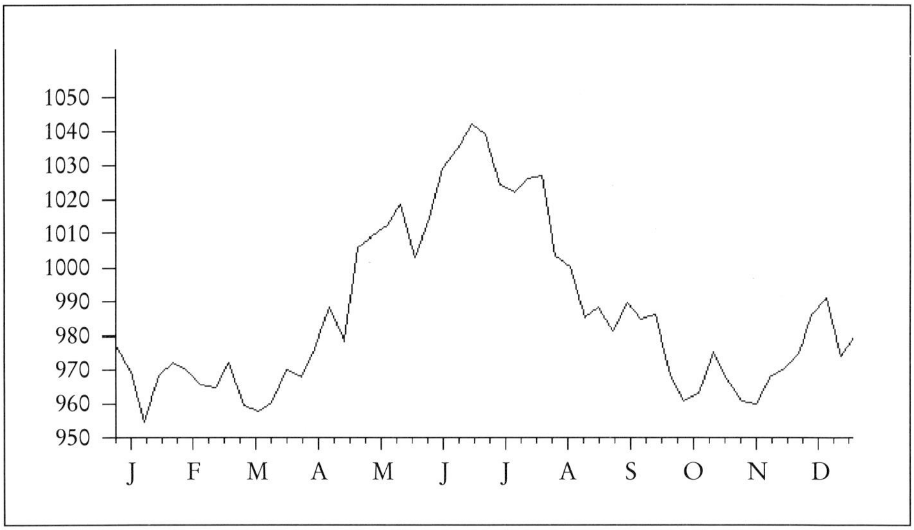

Moody-Index

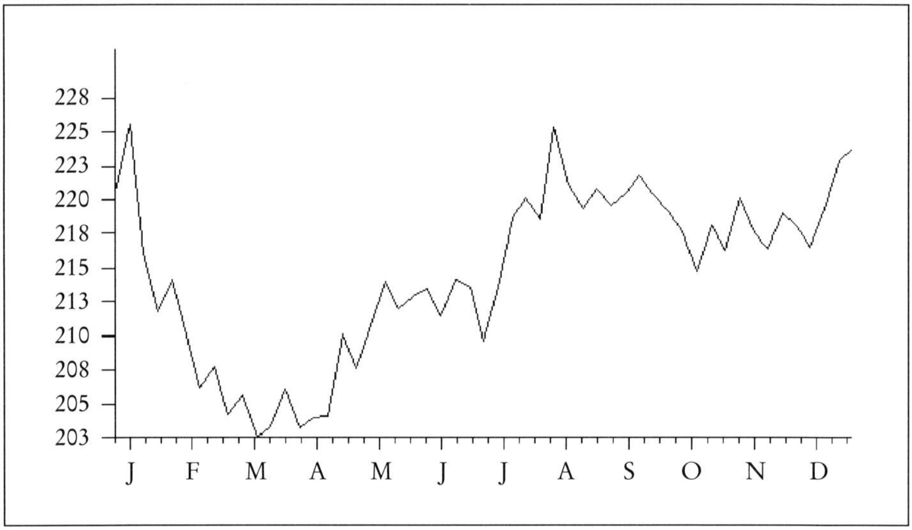

Dow-Jones-Utility-Index

US-Dollar vom 27.12.91 bis 23.12.92

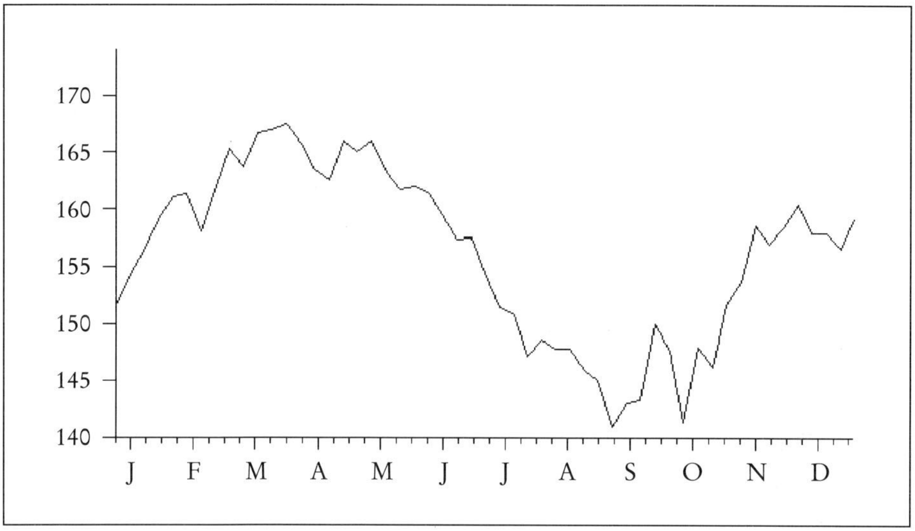

100 US-$ in DM

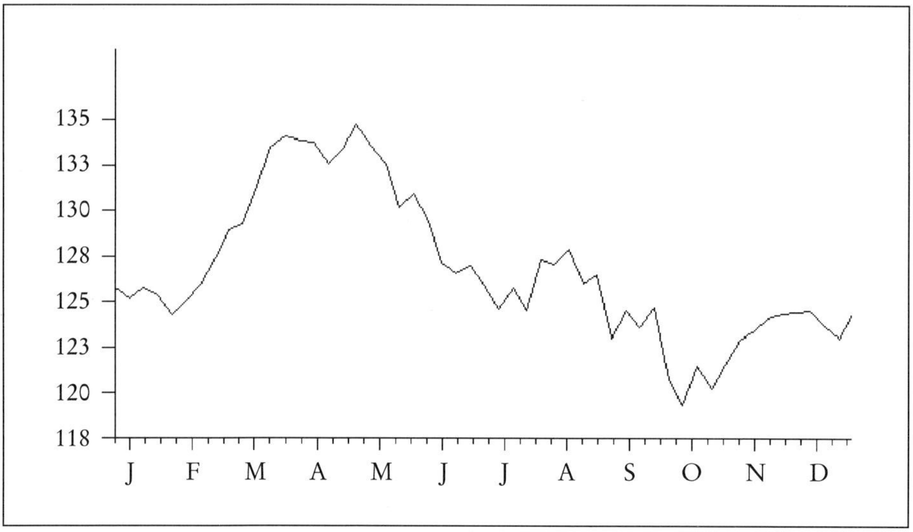

US-$ in Yen

Dow-Jones-Index und DAX vom 27.12.91 bis 23.12.92

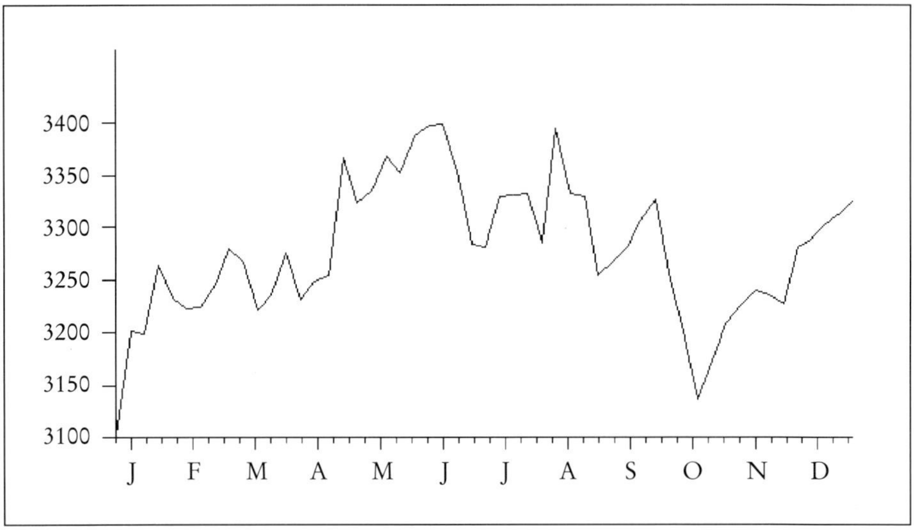

Dow-Jones-Index

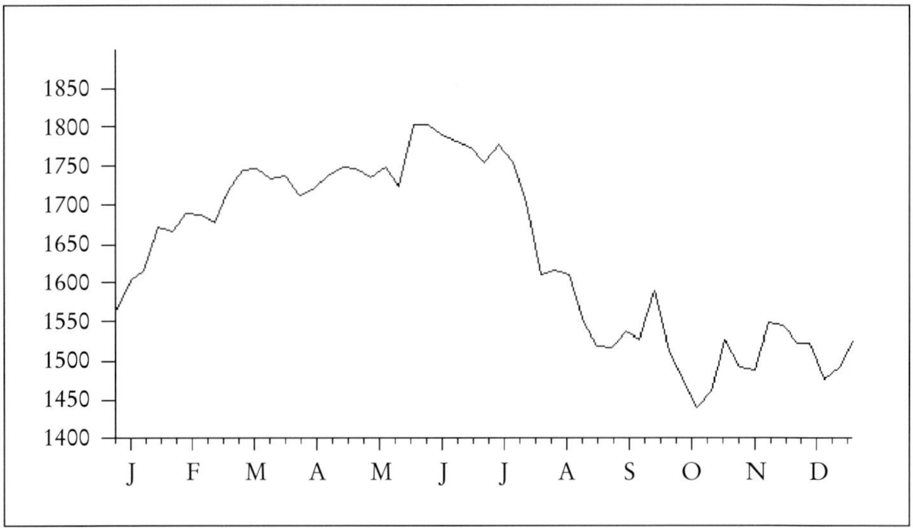

DAX

Kreuzen Sie bei »Aktien« und »Anleihen« an, welche der folgenden Empfehlungen Sie abgegeben hätten:

Aktien

- ○ weltweit uneingeschränkt kaufen
- ○ kaufen; US-Aktien übergewichten
- ○ kaufen; europäische Aktien übergewichten
- ○ weltweit gut haltenswert, Zukäufe möglich
- ○ weltweit gut haltenswert, Zukäufe in den USA möglich
- ○ weltweit gut haltenswert, Zukäufe in Europa möglich
- ○ in Europa Teilverkäufe, US-Aktien noch haltenswert
- ○ in den USA Teilverkäufe, europäische Aktien noch haltenswert
- ○ in Europa 50 Prozent und in den USA 25 Prozent der Aktien verkaufen
- ○ in den USA 50 Prozent und in Europa 25 Prozent der Aktien verkaufen
- ○ weltweit uneingeschränkt verkaufen

Anleihen

- ○ weltweit Anleihen mit langen Laufzeiten kaufen
- ○ weltweit Anleihen mit kurzen Laufzeiten kaufen
- ○ europäische Anleihen mit langen Laufzeiten kaufen
- ○ europäische Anleihen mit kurzen Laufzeiten kaufen
- ○ US-Anleihen mit langen Laufzeiten kaufen
- ○ US-Anleihen mit kurzen Laufzeiten kaufen
- ○ US-Anleihen noch halten, europäische Anleihen abstoßen
- ○ europäische Anleihen noch halten, US-Titel abstoßen
- ○ gegenüber Aktien zur Zeit eindeutig untergewichten

Empfehlung

Aktien:
weltweit uneingeschränkt kaufen.

Anleihen:
gegenüber Aktien zur Zeit eindeutig untergewichten.

Begründung

Die Zinsen entwickeln sich vor allem in Deutschland seit September rückläufig; auch die US-Bonds haben nach einer Korrektur im Oktober wieder ihren Abwärtstrend aufgenommen. Man kann zwar nach wie vor auch Anleihen mit langen Laufzeiten kaufen, aber es ist zu fragen, ob die Chancen auf den Aktienmärkten jetzt nicht sehr viel größer sind, nachdem diese in den letzten Monaten kaum auf den freundlichen Zinstrend reagierten.

Die Rohstoffpreise könnten zwar nunmehr einen Boden erreicht haben; Metallpreise und Moody-Index bilden zur Zeit offenbar eine Wendeformation nach oben aus. Andererseits meldet jedoch der Goldpreis noch einen klaren Abwärtstrend.

Für die nächsten Monate scheint somit den Zinsen von den Preisen her noch keine unmittelbare Gefahr zu drohen.

Der Dow-Jones-Utility-Index liegt klar im Aufwärtstrend und bestätigt damit die freundliche Stimmung bei den Zinsen.

Der Dollar hat in den letzten Monaten die Trendwende nach oben vollzogen. Dies ist ein besonders gutes Zeichen für die künftigen Chancen europäischer Aktien.

Die Aktienmärkte befinden sich immer noch in einer Baisse. Da nun aber eine Bodenbildung stattgefunden hat sowie Zinsen, Preise und Dollar positive Signale senden, stehen wir angesichts des niedrigen Kursniveaus praktisch vor einer Idealsituation.

Auch US-Aktien haben sich nach ihrem Rückschlag im Oktober, dessen Gründe wohl in Zinsängsten zu suchen waren, wieder gut erholt. Wenn es nicht zu einer überraschenden Wende bei den Zinsen kommt, stehen die Chancen für eine kommende Hausse gut.

Zur Information

Von unserem Stichtag aus ging es an den Aktienmärkten gemessen an ihren Indizes folgendermaßen weiter:

	Deutschland	Schweiz	USA
1 Monat	+ 3 %	+ 8 %	- 1 %
3 Monate	+ 10 %	+ 15 %	+ 3 %
6 Monate	+ 11 %	+ 22 %	+ 5 %

Trainingssatz 14

Trainingssatz 15

Konsolidierung oder Rückfall in die Baisse?

25. Juni 1993

Schwierigkeitsgrad: ✦✦

Wirtschafts- und Börsenlage

Das Jahr 1993 ist für die internationalen Aktienbörsen bislang positiv verlaufen. Es mehren sich allerdings die warnenden Stimmen in bezug auf die schlechte wirtschaftliche Lage. In Europa herrscht Rezession, und eine Konjunkturbelebung ist nicht in Sicht. Gemessen am Kurs-Gewinn-Verhältnis notieren die großen Standardwerte in Deutschland viel zu hoch, geben Anlageberater angesehener Banken zu bedenken.

Chartisten weisen auf eine drohende »Doppelspitze« beim DAX hin.

Die Mehrheit der Aktienhändler rechnet allerdings mit keiner erneuten Baisse in der nächsten Zeit. »Der DAX konnte sein Kursniveau auch in der zurückliegenden Woche behaupten und befindet sich weiter in einer Widerstandszone zwischen 1 695 und 1 720 Punkten. Aufgrund der überkauften Situation der meisten Indikatoren dürfte sich die Konsolidierungsphase, bei allerdings geringem Rückschlagspotential, fortsetzen«, schreibt die Bayerische Vereinsbank.

Die Commerzbank ist skeptisch, ob sich bei dem derzeitigen Druck auf die DM genügend ausländische Anleger in deutschen Aktien engagieren werden. Die Unsicherheit über den Zeitpunkt der konjunkturellen Erholung werde Anleger immer wieder zu Gewinnmitnahmen verleiten.

An den Anleihemärkten herrscht weiter Zuversicht. Das US-Brokerhaus Salomon rechnet mit einem weiterem Absinken der Rendite der 30jährigen Treasury-Bonds unter die Marke von 6,5 Prozent. Besorgt ist man jedoch darüber, ob das Wirtschaftsprogramm von Präsident Clinton für eine dauerhafte Belebung ausreicht.

Am deutschen Anleihemarkt herrscht Unsicherheit. Die Researchabteilung der Deutschen Bank bewertet die Wahrscheinlichkeit für eine Leitzinssenkung der Bundesbank am 1. Juli mit 50 Prozent.

Anleihezinsen USA/Deutschland vom 26.06.92 bis 25.06.93

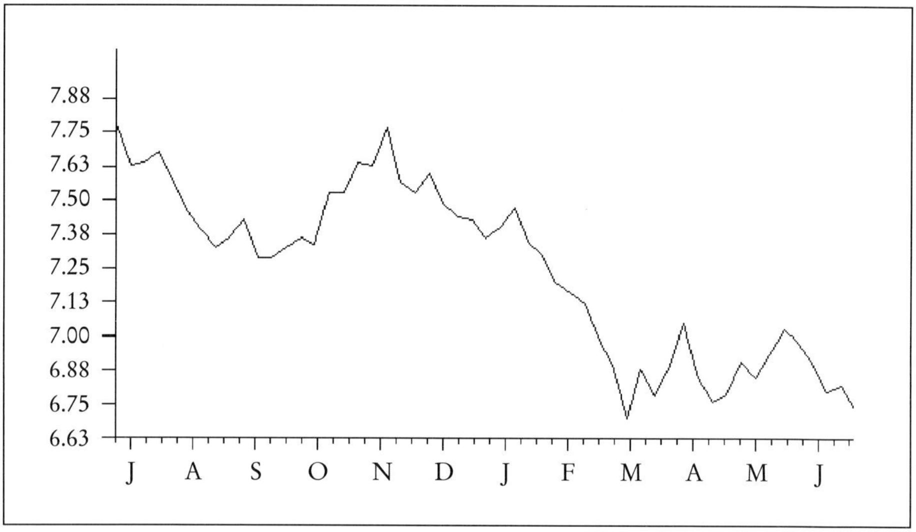

Rendite 30jährige US-T-Bonds

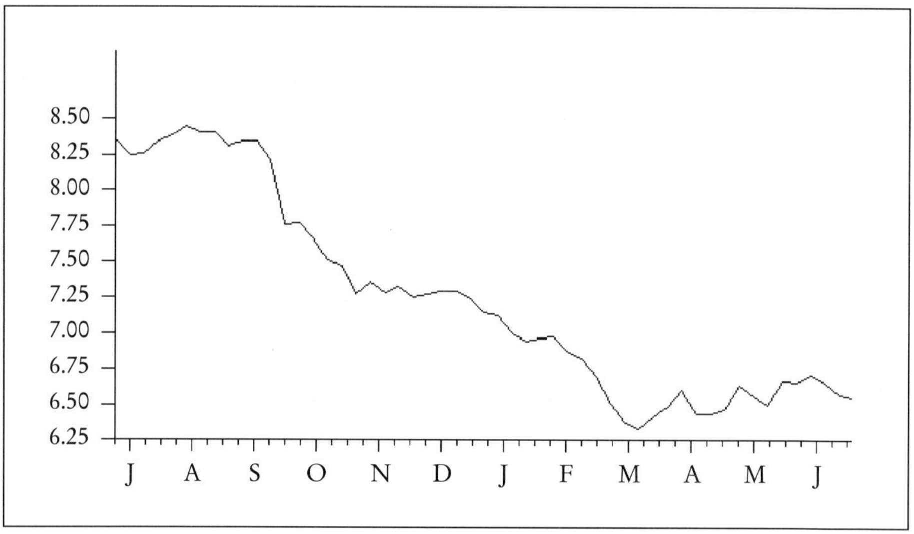

Umlaufrendite Anleihen Deutschland

Gold- und Metallpreise vom 26.06.92 bis 25.06.93

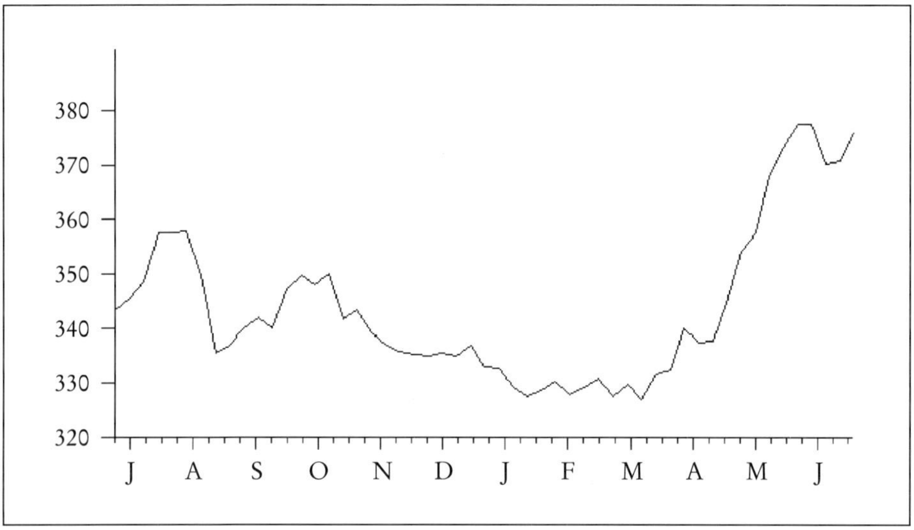

Gold $/Feinunze

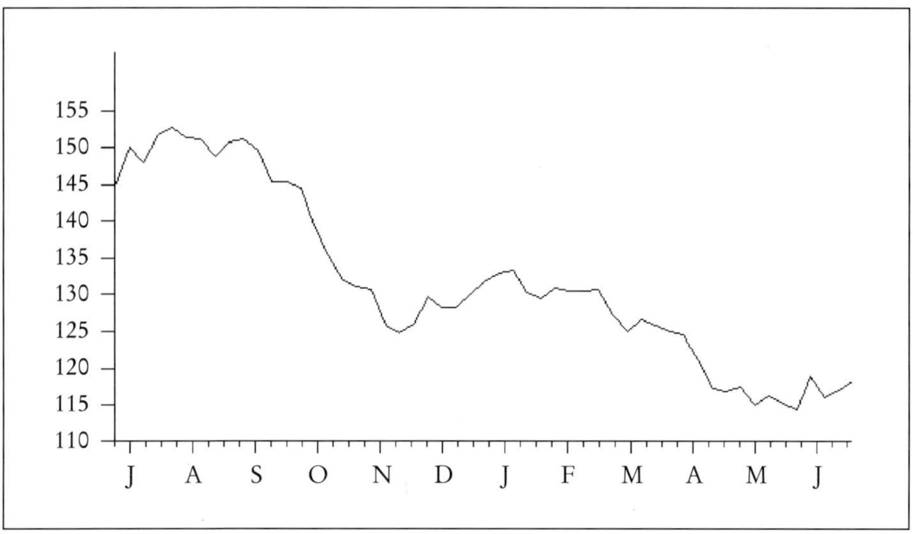

Metall-Index

Rohstoffpreise und US-Versorger vom 26.06.92 bis 25.06.93

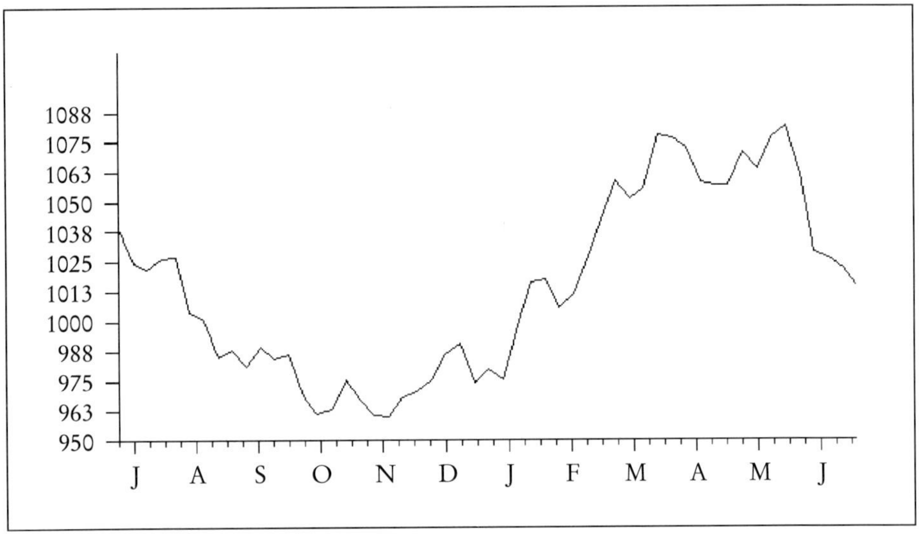

Moody-Index

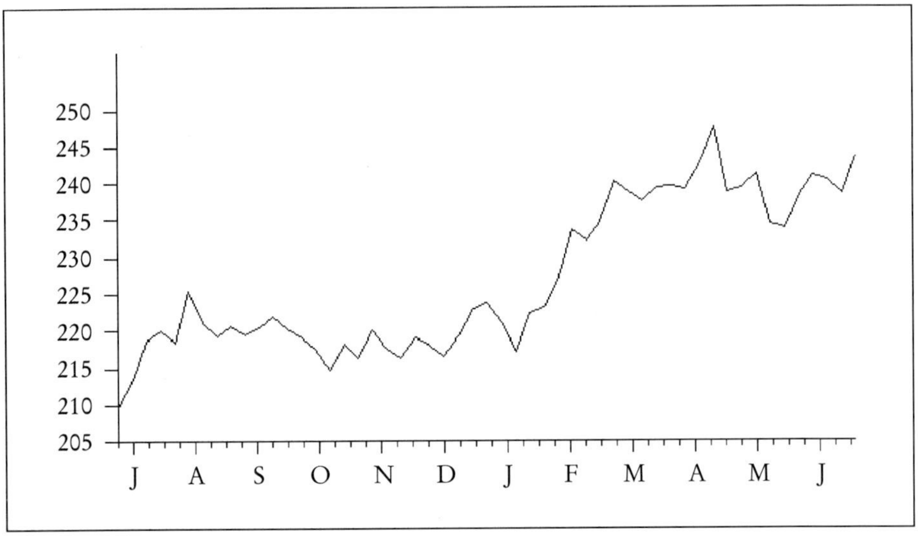

Dow-Jones-Utility-Index

US-Dollar vom 26.06.92 bis 25.06.93

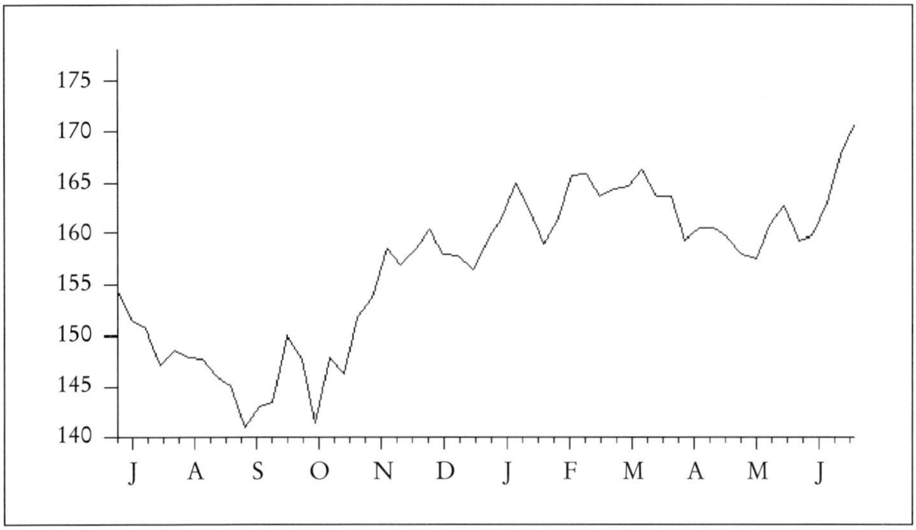

100 US-$ in DM

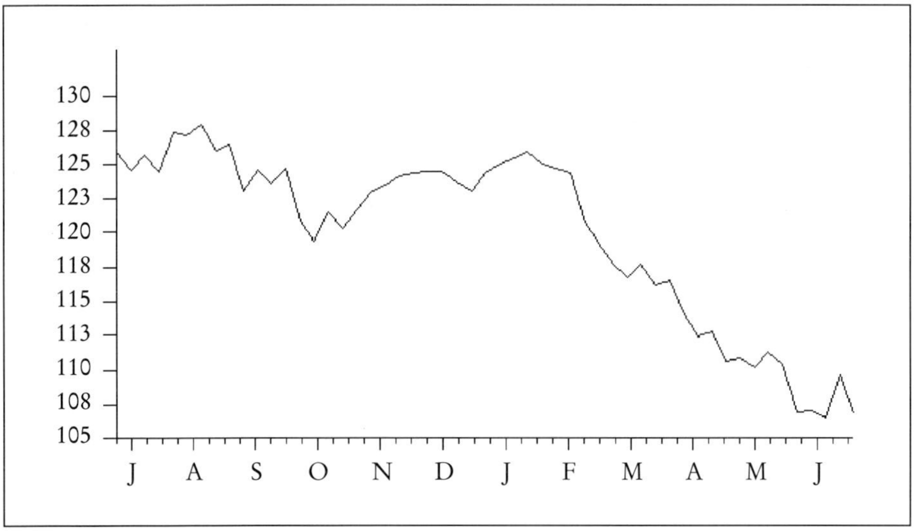

US-$ in Yen

Dow-Jones-Index und DAX vom 26.06.92 bis 25.06.93

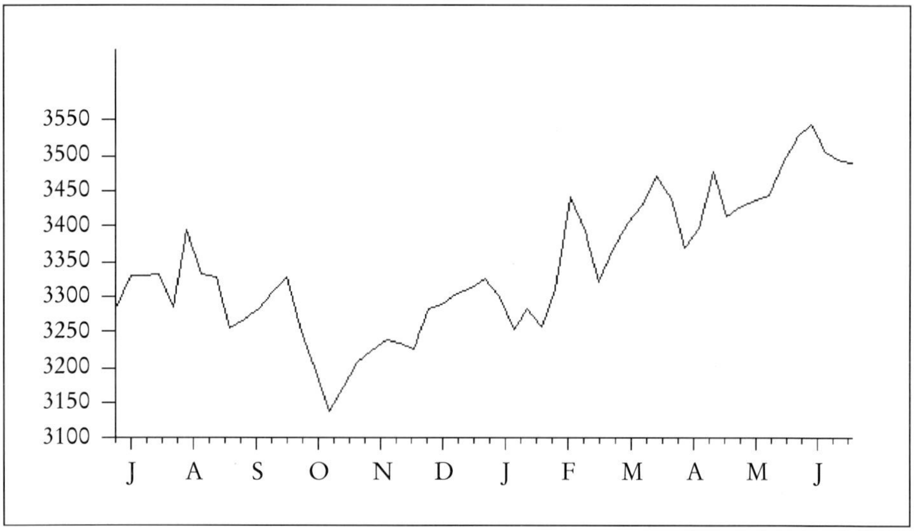

Dow-Jones-Index

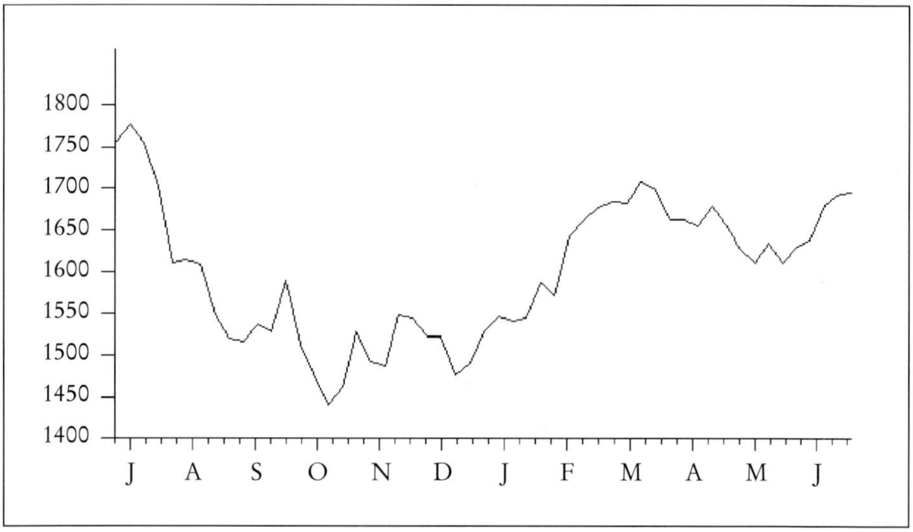

DAX

Kreuzen Sie bei »Aktien« und »Anleihen« an, welche der folgenden Empfehlungen Sie abgegeben hätten:

Aktien

- ○ weltweit uneingeschränkt kaufen
- ○ kaufen; US-Aktien übergewichten
- ○ kaufen; europäische Aktien übergewichten
- ○ weltweit gut haltenswert, Zukäufe möglich
- ○ weltweit gut haltenswert, Zukäufe in den USA möglich
- ○ weltweit gut haltenswert, Zukäufe in Europa möglich
- ○ in Europa Teilverkäufe, US-Aktien noch haltenswert
- ○ in den USA Teilverkäufe, europäische Aktien noch haltenswert
- ○ in Europa 50 Prozent und in den USA 25 Prozent der Aktien verkaufen
- ○ in den USA 50 Prozent und in Europa 25 Prozent der Aktien verkaufen
- ○ weltweit uneingeschränkt verkaufen

Anleihen

- ○ weltweit Anleihen mit langen Laufzeiten kaufen
- ○ weltweit Anleihen mit kurzen Laufzeiten kaufen
- ○ europäische Anleihen mit langen Laufzeiten kaufen
- ○ europäische Anleihen mit kurzen Laufzeiten kaufen
- ○ US-Anleihen mit langen Laufzeiten kaufen
- ○ US-Anleihen mit kurzen Laufzeiten kaufen
- ○ US-Anleihen noch halten, europäische Anleihen abstoßen
- ○ europäische Anleihen noch halten, US-Titel abstoßen
- ○ gegenüber Aktien zur Zeit eindeutig untergewichten

Empfehlung

Aktien:
weltweit uneingeschränkt kaufen.

Anleihen:
gegenüber Aktien zur Zeit eindeutig untergewichten.

Begründung

Die Zinsen bewegen sich seit vier Monaten nur noch seitwärts, was aber nach dem steilen Sinkflug im vergangenen Winter noch kein Warnsignal bedeutet. Das Zinsniveau ist nicht mehr so hoch, daß es unbedingt zum Kauf von Anleihen mit langen Laufzeiten lockt. Kurzläufer (Anleihen mit 1 bis 3 Jahren Restlaufzeit) eignen sich zwar gut zum Parken von Anlagekapital, werfen aber keine hohe Rendite mehr ab.

Daher spricht im Moment alles für die Anlage in Aktien. Wirtschaftliche Rezessionsjahre waren auch 1975 und 1982/83 hervorragende Aktienjahre.

Wer aus Sicherheitsgründen einen Teil seines Kapitals in Anleihen investieren will, sollte sich wegen des gestiegenen Goldpreises (Vorbote von steigenden Zinsen?) eher für Kurzläufer entscheiden. Da der Dollar steigt, ist auch der Kauf von US-Bonds möglich.

Die Rohstoffpreise bieten zur Zeit ein uneinheitliches Bild. Wir sehen schwache Metallpreise sowie eine Doppelspitze mit anschließendem Kursverfall beim Moody-Index. Andererseits ist der Goldpreis rasant über das Niveau von 360 bis 370 Dollar angestiegen. Deshalb kann zur Zeit nicht von einer einheitlichen Trendvorgabe der Rohstoffpreise an die Zinsen gesprochen werden.

Der Dow-Jones-Utility-Index liegt noch im Aufwärtstrend und ist gerade darin begriffen, den letzten Rückschlag wieder aufzuholen. Gefährdet wäre er erst bei einem erneuten Schwächeanfall und Kursen unter 235 Punkten.

Die Stärke des Dollars gegenüber der DM und seine Schwäche gegenüber dem Yen ist aus Sicht europäischer Exportunternehmen positiv zu werten, da die Yen-Stärke zu Lasten der japanischen Konkurrenz geht. Auch wenn der Aufwärtstrend des Dollars zur DM vielleicht nicht mehr lange anhält, so reicht sein bisheriger Anstieg jedenfalls noch in den kommenden Monaten für eine Unterstützung der freundlichen Stimmung an den europäischen Aktienmärkten aus.

Die Aktienmärkte stagnieren seit Ende Februar mehr oder weniger auf hohem Niveau. Dennoch bleiben Aktien aufgrund der noch freundlichen Zinsen weiter kaufenswert. Da die Anleihemärkte zur Zeit nicht sehr attraktiv sind, sollte man Aktien deutlich übergewichten. Europäische Aktien hätten angesichts des starken Dollars eigentlich in den letzten Monaten besser abschneiden müssen als US-Aktien. Das Gegenteil war der Fall. Aber die nächsten Monate könnten ein ganz anderes Bild zeigen.

Übrigens erscheint die derzeitige Lage auch für *Goldminenaktien* recht günstig. Sinkende Zinsen sowie ein steigender Goldpreis gelten seit jeher als Idealkonstellation für diese Wertpapiergruppe. Freilich muß angesichts der steil gestiegenen Kurse (die sich in diesem Jahr fast verdreifacht haben!) auch mit kurzfristigen Rückschlägen gerechnet werden.

Zur Information

Von unserem Stichtag aus ging es an den Aktienmärkten gemessen an ihren Indizes folgendermaßen weiter:

	Deutschland	Schweiz	USA
1 Monat	+ 6 %	+ 2 %	+ 2 %
3 Monate	+ 11 %	+ 4 %	+ 2 %
6 Monate	+ 34 %	+ 30 %	+ 10 %
10 Monate	+ 33 %	+ 17 %	+ 5 %

Die Kursentwicklung der erwähnten Goldminenaktien gestaltete sich recht wechselhaft. Der Londoner Goldminenindex legte bis Ende Juli 1993 rund 21 Prozent zu, büßte aber bis Ende September diesen Gewinn wieder ein und lag zu diesem Zeitpunkt gegenüber dem 25. Juni sogar mit 11 Prozent im Minus.

Anschließend konnte er sich jedoch wieder kräftig erholen und erreichte Ende Dezember gegenüber dem 25. Juni ein Plus von 32 Prozent.

Trainingssatz 15

Trainingssatz 16

Börse im Übergang von der zinsgetriebenen zur gewinnunterstützten Hausse?

29. April 1994

Schwierigkeitsgrad: ✦

Wirtschafts- und Börsenlage

Die Aktienbörsen haben 1993 weltweit kräftig haussiert, das gilt insbesondere für die europäischen Börsen. Deutschland legte über 40 Prozent zu, die Schweiz gar mehr als 50 Prozent.

Damit die Hausse weitergehen kann, bedarf es neuer Impulse. Denn von der Zinsseite her sieht es nicht gut aus. Seit Februar versucht die US-Zentralbank, eine behutsame Abkehr von ihrer zuvor betont expansiven Geldpolitik zu vollziehen. Aber die leicht angehobenen kurzfristigen Zinsen lösten an den Anleihemärkten weltweit Turbulenzen aus. Sogar in Deutschland, wo die Bundesbank noch eine Zinssenkungspolitik bei den kurzfristigen Zinsen betreibt, kam es zu einem richtigen Schock.

Nach Meinung der Westdeutschen Landesbank ist aber ein solch massiver Zinsanstieg wie in den letzten Monaten nicht gerechtfertigt. Der heimische Anleihemarkt zumindest sollte sich vom US-Trend abkoppeln können. Auch Schweizer Bankhäuser rechnen damit, daß die deutsche Umlaufrendite bald wieder unter 6 Prozent liegt.

Auf den schwachen New Yorker Anleihemarkt und auf eine zu erwartende Abschwächung der US-Konjunktur wird der letzte Kursrutsch des Dollars zurückgeführt. Auch dieser bedeutet ja nicht gerade ein Hausse-Signal für die Aktienmärkte.

Andererseits haben die europäischen Aktienmärkte zumindest in einer ersten Phase der Unsicherheit Ende April ihre Höchststände von Ende Dezember wieder erreicht.

Für die Commerzbank verdeutlicht die Kursentwicklung der vergangenen Woche, daß sich die Börse im Übergang von der zinsgetragenen zur gewinn- und konjunkturunterstützten Hausse befindet. Dies rechtfertige grundsätzlich eine zuversichtliche Einschätzung für die nächsten Monate.

Die Bayerische Vereinsbank hält an ihrem Ziel von 2500 Punkten (derzeit 2246) im DAX fest, das in zehn Monaten erreicht sein soll.

Die Berenberg Bank meint hingegen, daß der DAX nach dem jüngsten Kursschub erst einmal an die Decke stoße. Es dürfte daher die Kraft fehlen, um gleich im ersten Anlauf neue Höchstkurse zu erreichen. Verunsichernd wirke auch die jüngste Dollarschwäche.

Anleihezinsen USA/Deutschland vom 30.04.93 bis 29.04.94

Rendite 30jährige US-T-Bonds

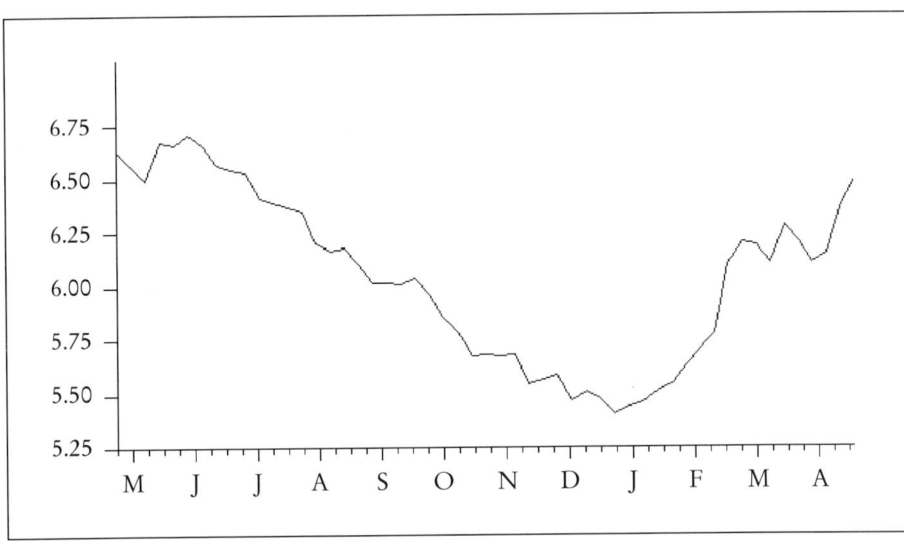

Umlaufrendite Anleihen Deutschland

Gold- und Metallpreise vom 30.04.93 bis 29.04.94

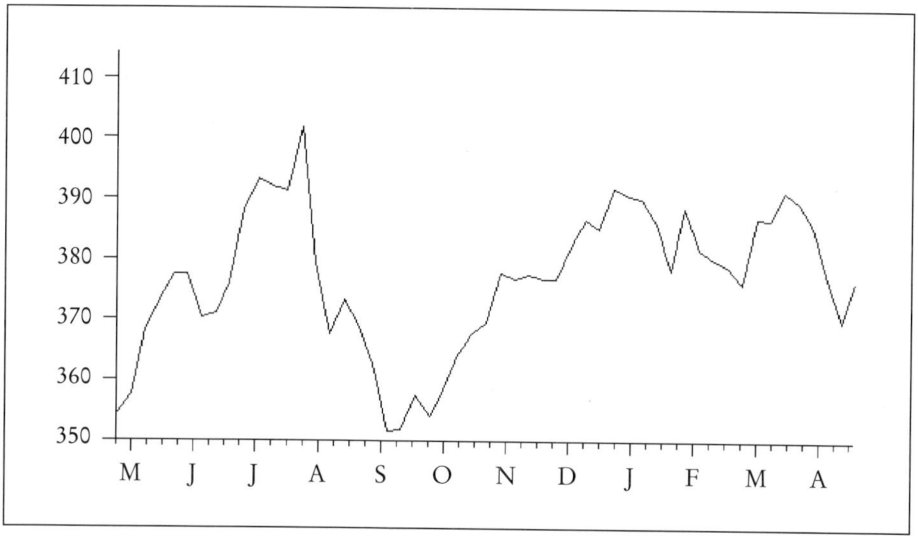

Gold $/Feinunze

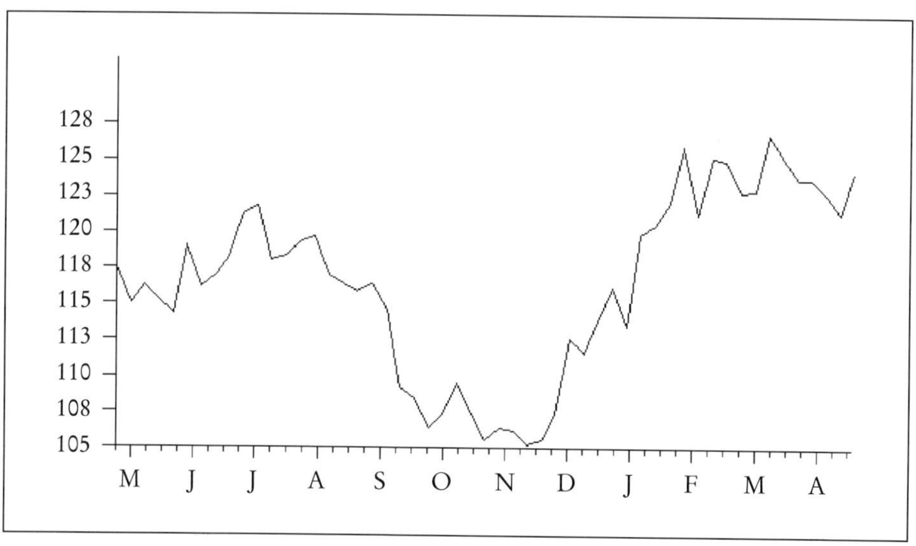

Metall-Index

Rohstoffpreise und US-Versorger vom 30.04.93 bis 29.04.94

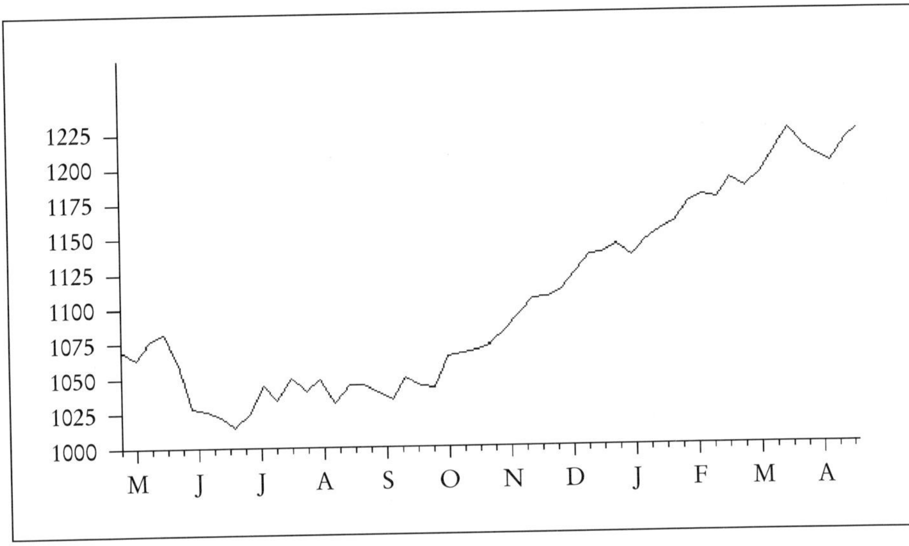

Moody-Index

Dow-Jones-Utility-Index

US-Dollar vom 30.04.93 bis 29.04.94

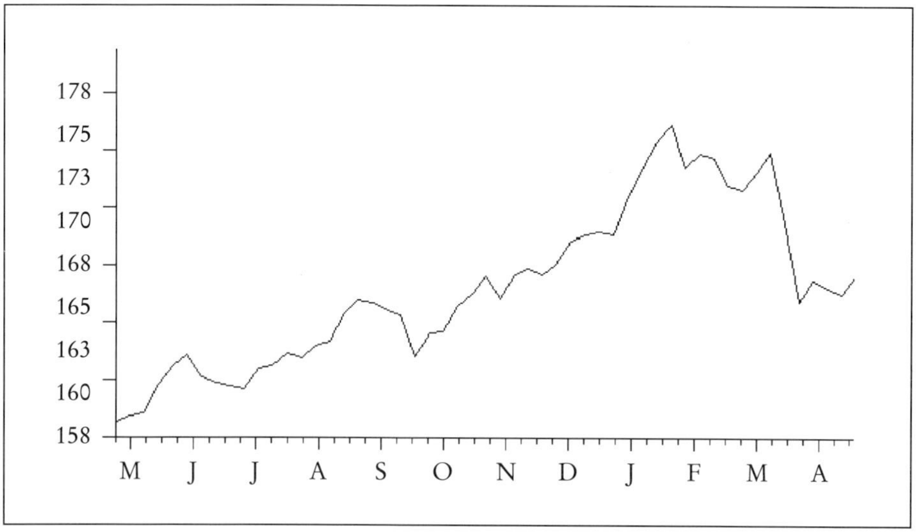

100 US-$ in DM

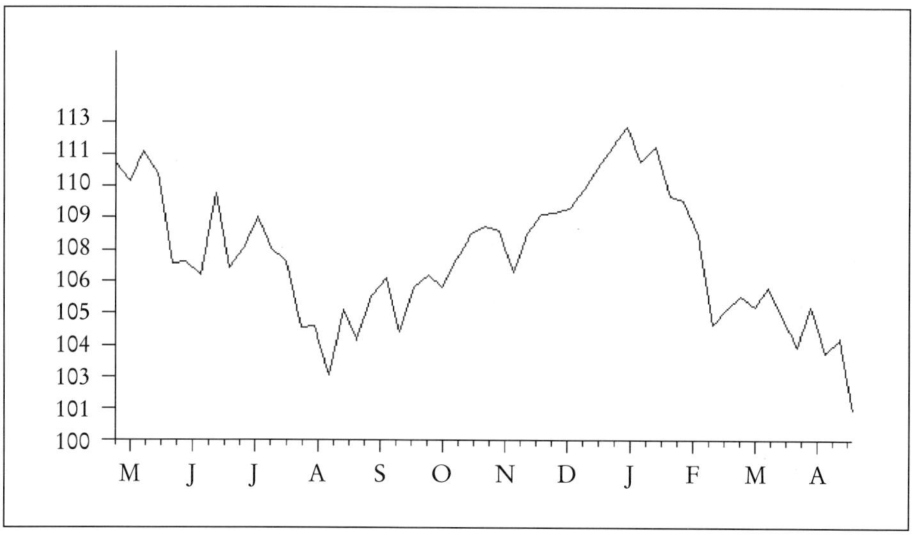

US-$ in Yen

Dow-Jones-Index und DAX vom 30.04.93 bis 29.04.94

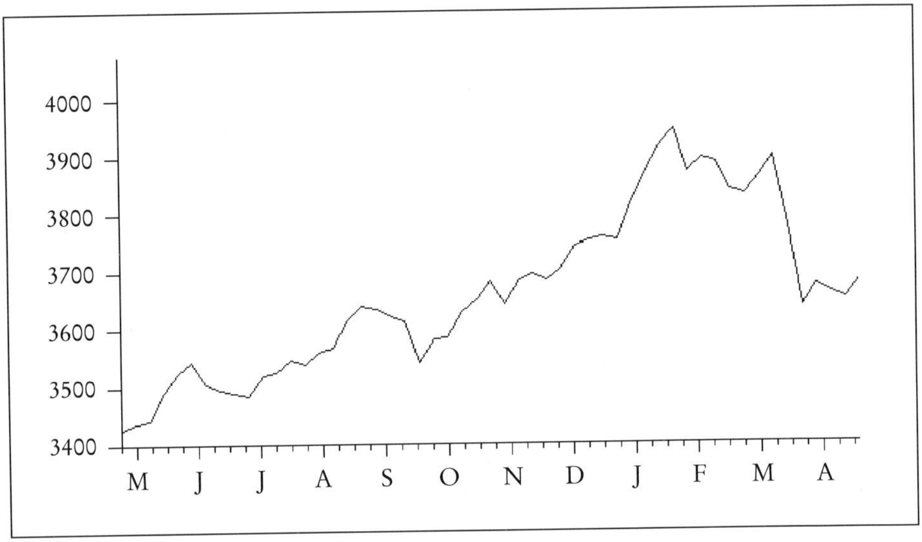

Dow-Jones-Index

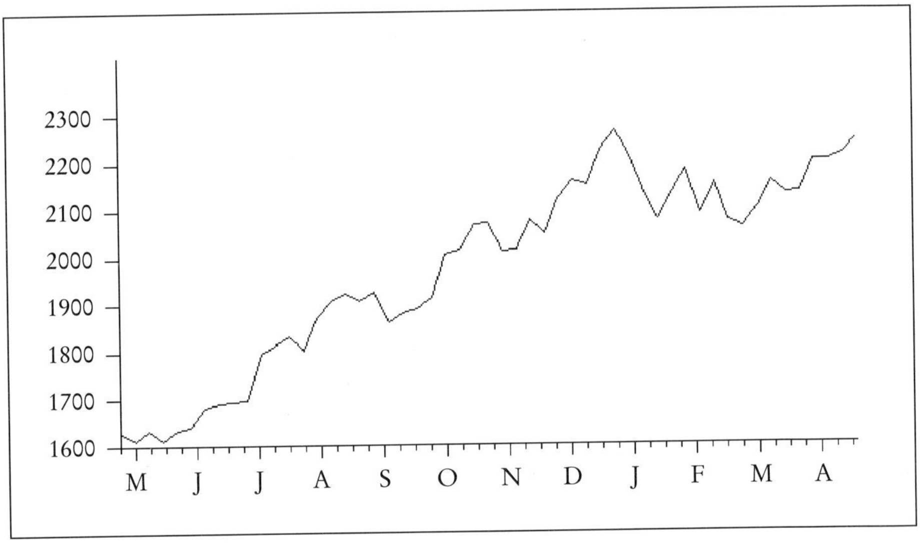

DAX

Kreuzen Sie bei »Aktien« und »Anleihen« an, welche der folgenden Empfehlungen Sie abgegeben hätten:

Aktien

○ weltweit uneingeschränkt kaufen
○ kaufen; US-Aktien übergewichten
○ kaufen; europäische Aktien übergewichten
○ weltweit gut haltenswert, Zukäufe möglich
○ weltweit gut haltenswert, Zukäufe in den USA möglich
○ weltweit gut haltenswert, Zukäufe in Europa möglich
○ in Europa Teilverkäufe, US-Aktien noch haltenswert
○ in den USA Teilverkäufe, europäische Aktien noch haltenswert
○ in Europa 50 Prozent und in den USA 25 Prozent der Aktien verkaufen
○ in den USA 50 Prozent und in Europa 25 Prozent der Aktien verkaufen
○ weltweit uneingeschränkt verkaufen

Anleihen

○ weltweit Anleihen mit langen Laufzeiten kaufen
○ weltweit Anleihen mit kurzen Laufzeiten kaufen
○ europäische Anleihen mit langen Laufzeiten kaufen
○ europäische Anleihen mit kurzen Laufzeiten kaufen
○ US-Anleihen mit langen Laufzeiten kaufen
○ US-Anleihen mit kurzen Laufzeiten kaufen
○ US-Anleihen noch halten, europäische Anleihen abstoßen
○ europäische Anleihen noch halten, US-Titel abstoßen
○ gegenüber Aktien zur Zeit eindeutig untergewichten

Empfehlung

Aktien:
weltweit uneingeschränkt verkaufen.

Anleihen:
europäische Anleihen mit kurzen Laufzeiten kaufen.

Begründung

Die Zinsen streben ungebremst nach oben. Das bedeutet ein klares Verkaufsignal für Aktien.

Einzig mögliche Konsequenz: Das Parken des Anlagekapitals in Anleihen mit kurzen Laufzeiten (1 bis 3 Jahre), bis ein deutlicher Umschwung am Anleihemarkt eingetreten ist. Angesichts des schwachen Dollars sind DM-Anleihen klar überzugewichten.

Die Rohstoffpreise tendieren eher nach oben und geben daher für die Zinsen auch keine Entwarnung. Allerdings gilt dies uneingeschränkt nur noch für den Moody-Index. Der Goldpreis stößt bei 390 bis 400 Dollar auf Widerstand. Auch die Metallpreise sind nach ihrem Steilanstieg in eine Konsolidierungsphase eingetreten.

Der Dow-Jones-Utility-Index hat bereits deutlich unter den steigenden Zinsen gelitten, ohne daß ihm der DAX entsprechend nach unten gefolgt wäre. Dies ist aber immer noch möglich. Das Baisse-Signal des Utility-Index ist jedenfalls eindeutig.

Der Dollar tendiert zu allem Überfluß auch noch abwärts und erhöht damit die Anzahl der Baisse-Signale für Aktien.

An den Aktienmärkten scheinen die Anleger die Gefahr, die von den massiven Baisse-Signalen ausgeht, noch gar nicht bemerkt zu haben. Das gilt vor allem für die Europäer, denen der fallende Dollar zusätzliche Probleme bereitet. Die US-Titel haben wenigstens schon auf die gestiegenen Zinsen und den fallenden Utility-Index reagiert. Offen bleibt, ob die Baisse mit dem bisherigen Kursverlust von zehn Prozent bereits ihr Ende gefunden hat oder ob nicht ein weiterer Kursrückgang angemessen wäre.

Zur Information

Von unserem Stichtag aus ging es an den Aktienmärkten gemessen an ihren Indizes folgendermaßen weiter:

	Deutschland	Schweiz	USA
1 Monat	- 5 %	- 1 %	+ 2 %
3 Monate	- 4 %	- 6 %	+ 2 %
6 Monate	- 9 %	- 9 %	+ 7 %
11 Monate	- 14 %	- 8 %	+ 13 %

Trainingssatz 16

Trainingssatz 17

Dollarsturz trotz deutscher Zinssenkung

31. März 1995

Schwierigkeitsgrad: ✦✦

Wirtschafts- und Börsenlage

Obwohl 1994 aufgrund der gestiegenen Zinsen eigentlich mit stärkeren Kursverlusten bei Aktien zu rechnen war, fiel die Baisse bis auf zwei kurze Einbrüche im Juni und November 1994 insgesamt doch recht gemäßigt aus. US-Fonds waren bei niedrigeren Kursen immer wieder sehr schnell zur Stelle und sorgten vor allem bei amerikanischen Werten für Kurssteigerungen.

Der relativ gut gehaltene Dow-Jones-Index verhinderte monatelang auch in Europa eine stärkere Baisse. Die aber stellte sich jüngst doch noch ein, als der US-Dollar immer schwächer wurde.

Die Machtlosigkeit der Zentralbanken gegenüber dem Sturz des Dollars hat nicht nur die europäischen, sondern auch die amerikanischen Finanzmärkte verunsichert. Zwar hat sich der Dow-Jones-Index auch zuletzt noch sehr gut behauptet, aber viele Marktteilnehmer in New York äußerten die Ansicht, daß sich der New Yorker Aktienmarkt von den Turbulenzen am Devisenmarkt auf Dauer nicht abkapseln könne. Denn die Dollarschwäche könnte den Inflationssorgen in den kommenden Wochen erneut Auftrieb geben. Mit dem fallenden Außenwert der US-Währung würden Importwaren teurer. Dies könne auch US-Produzenten dazu veranlassen, ihre Preise heraufzusetzen.

Nun hat die Deutsche Bundesbank die kurzfristigen Zinsen weiter gesenkt, nicht zuletzt in der Absicht, dem Dollarverfall entgegenzuwirken.

Zu einer erneuten Talfahrt des US-Dollars und einem hektischen Geschäft an den Anleihe- und Aktienbörsen kam es jedoch heute, als die japanische Zentralbank deutlich machte, daß sie ihre Leitzinsen vorläufig *nicht* weiter senken will. Dies stieß allgemein auf Unverständnis, da ja gerade die *Yen*-Stärke als Hauptursache für den Dollarverfall angesehen wurde.

Diese Entwicklung hat die Freude über die deutsche Leitzinssenkung stark gedämpft; in Börsenkreisen heißt es, daß die positive Wirkung dieser Maßnahme bereits wieder verpufft sei.

In den Wochenend-Ausblicken der Banken für die Finanzmärkte ist nun häufig von einem möglichen »Vertrauensverlust« der Anleger die Rede. Das Argument lautet: Wenn die Zinssenkung nur wegen des schwachen Dollars vollzogen wurde, dieser sich aber nun wie gewünscht dreht, dann werden ausländische Anleger ihr Geld vom deutschen Anleihemarkt abziehen. Dies würde dazu führen, daß die Anleihezinsen in Deutschland steigen.

Wie geht es nun weiter? Für eine kommende Hausse sprechen die klar sinkenden Zinsen. Für eine Fortsetzung der Baisse sprechen der schwache Dollar und das immer noch hohe Kursniveau der Aktien. Der Dow-Jones-Index befindet sich nun gar schon auf einem absoluten Höchststand! Was tun?

Anleihezinsen USA/Deutschland vom 01.04.94 bis 31.03.95

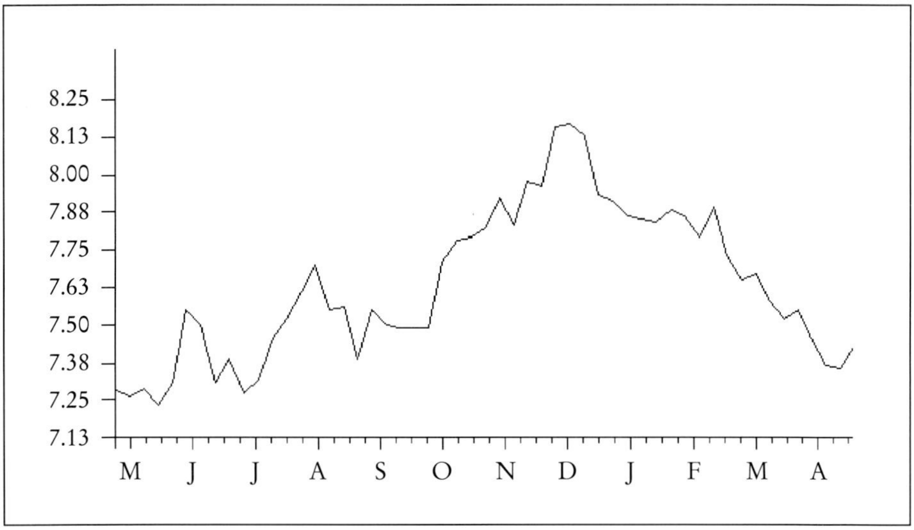

Rendite 30jährige US-T-Bonds

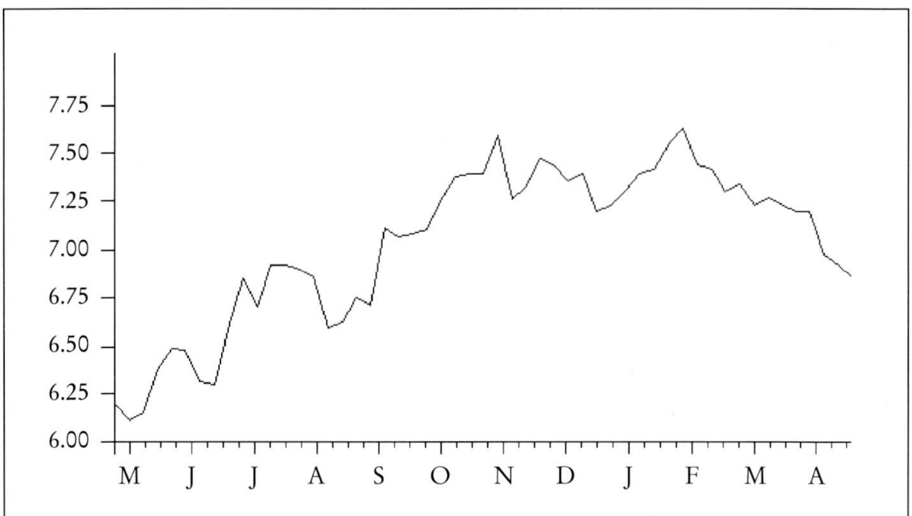

Umlaufrendite Anleihen Deutschland

Gold- und Metallpreise vom 01.04.94 bis 31.03.95

Gold $/Feinunze

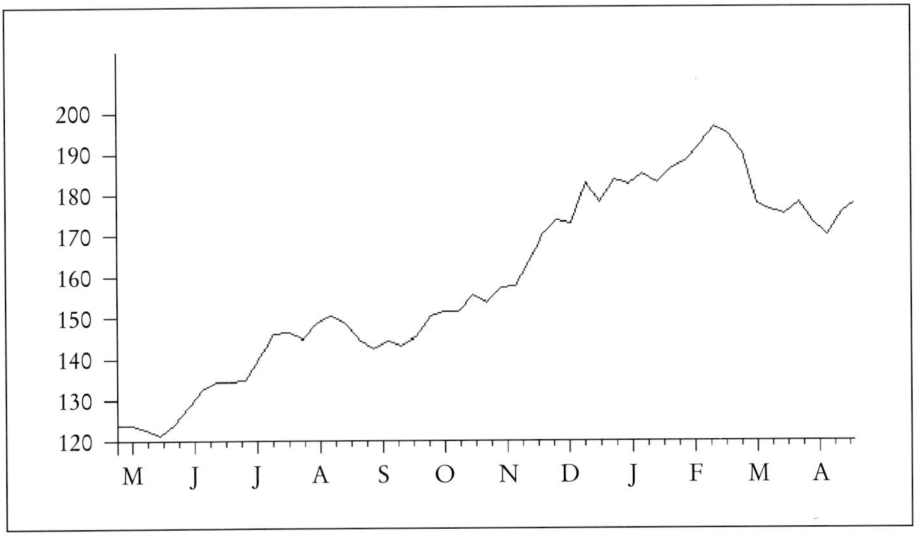

Metall-Index

Rohstoffpreise und US-Versorger vom 01.04.94 bis 31.03.95

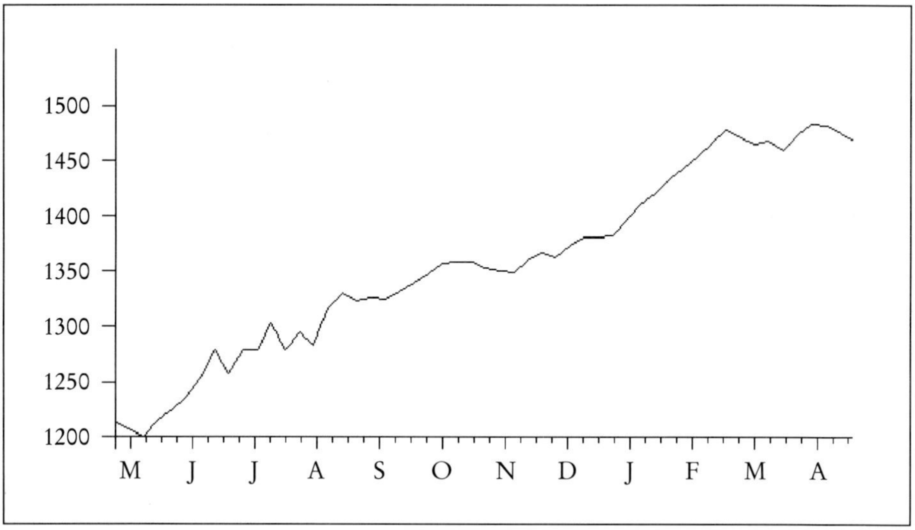

Moody-Index

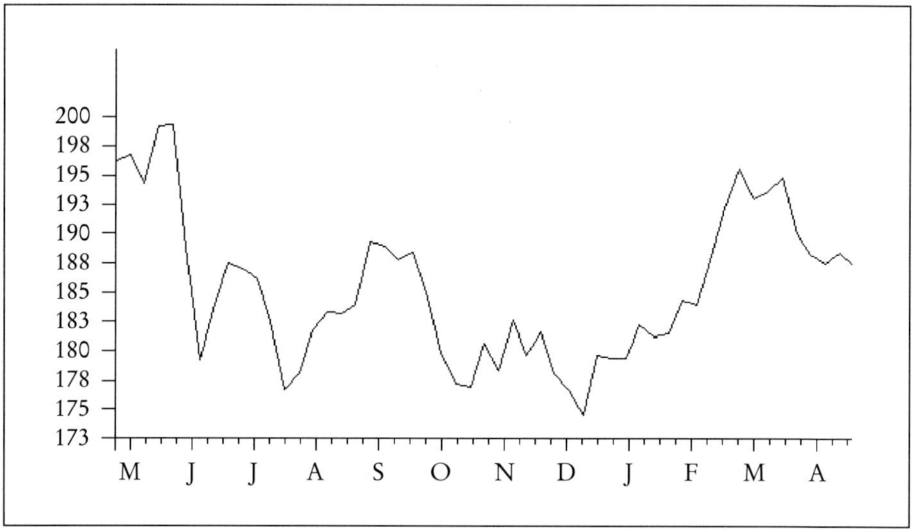

Dow-Jones-Utility-Index

US-Dollar vom 01.04.94 bis 31.03.95

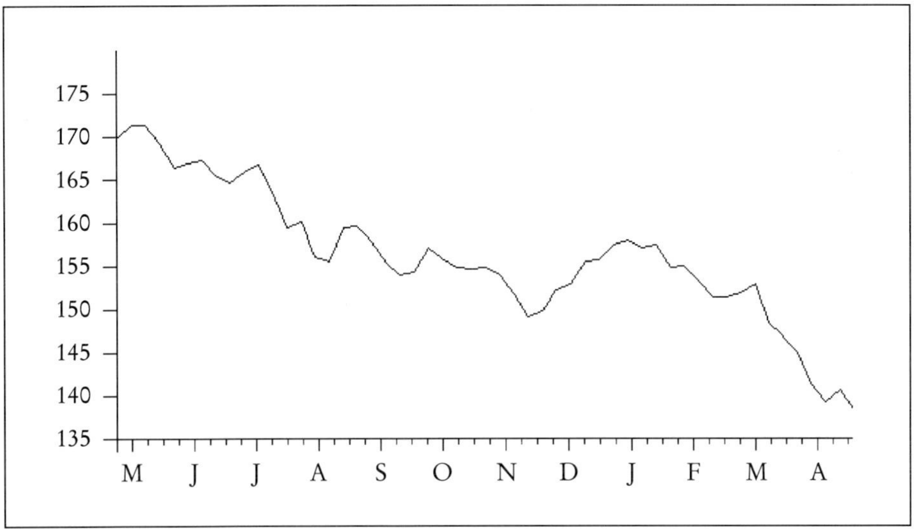

100 US-$ in DM

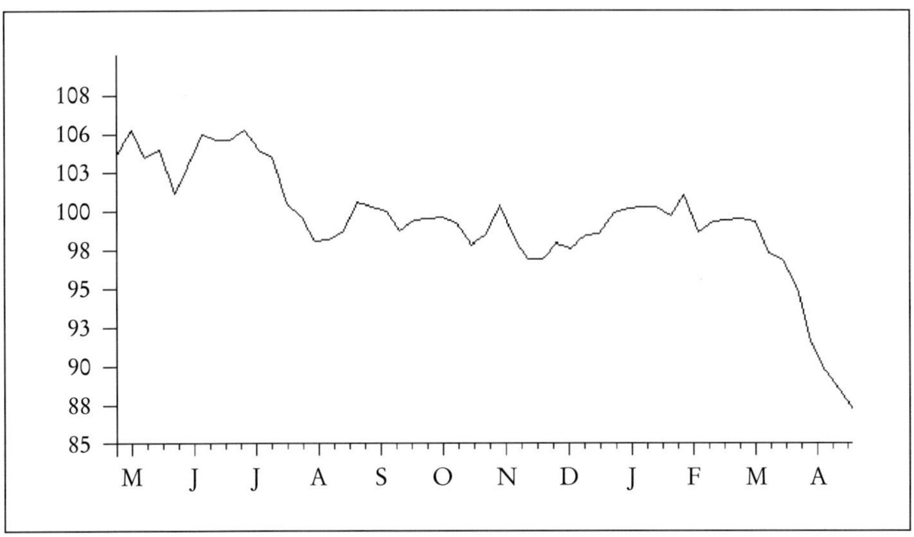

US-$ in Yen

Dow-Jones-Index und DAX vom 01.04.94 bis 31.03.95

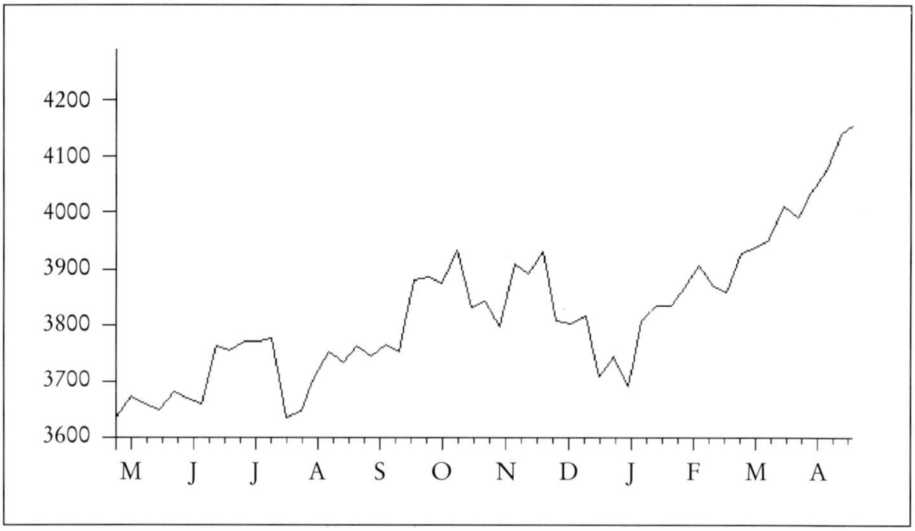

Dow-Jones-Index

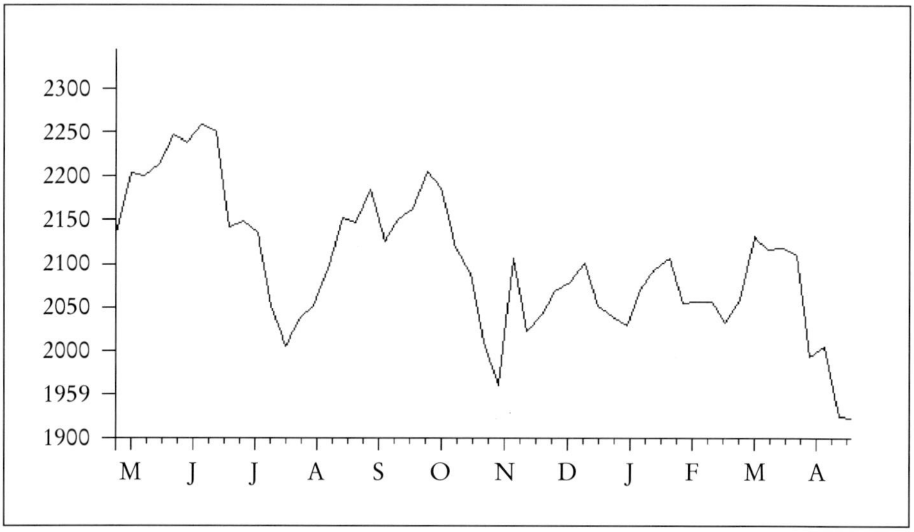

DAX

Kreuzen Sie bei »Aktien« und »Anleihen« an, welche der folgenden Empfehlungen Sie abgegeben hätten:

Aktien

○ weltweit uneingeschränkt kaufen
○ kaufen; US-Aktien übergewichten
○ kaufen; europäische Aktien übergewichten
○ weltweit gut haltenswert, Zukäufe möglich
○ weltweit gut haltenswert, Zukäufe in den USA möglich
○ weltweit gut haltenswert, Zukäufe in Europa möglich
○ in Europa Teilverkäufe, US-Aktien noch haltenswert
○ in den USA Teilverkäufe, europäische Aktien noch haltenswert
○ in Europa 50 Prozent und in den USA 25 Prozent der Aktien verkaufen
○ in den USA 50 Prozent und in Europa 25 Prozent der Aktien verkaufen
○ weltweit uneingeschränkt verkaufen

Anleihen

○ weltweit Anleihen mit langen Laufzeiten kaufen
○ weltweit Anleihen mit kurzen Laufzeiten kaufen
○ europäische Anleihen mit langen Laufzeiten kaufen
○ europäische Anleihen mit kurzen Laufzeiten kaufen
○ US-Anleihen mit langen Laufzeiten kaufen
○ US-Anleihen mit kurzen Laufzeiten kaufen
○ US-Anleihen noch halten, europäische Anleihen abstoßen
○ europäische Anleihen noch halten, US-Titel abstoßen
○ gegenüber Aktien zur Zeit eindeutig untergewichten

Empfehlung

Aktien:
kaufen, US-Aktien übergewichten.

Anleihen:
europäische Anleihen mit langen Laufzeiten kaufen.

Begründung

Die Zinsen befinden sich noch auf recht attraktivem Niveau, haben aber deutlich nach unten gedreht, was zum Kauf von Anleihen mit langen Laufzeiten lockt. Der Umschwung erscheint sowohl bei den T-Bonds als auch bei der Umlaufrendite recht zuverlässig, allerdings fehlt zur Zeit die Unterstützung durch die anderen Indikatoren (Rohstoffe, Utility-Index). Auf Grund des immer noch schwachen Dollars sind deutsche Anleihen zur Zeit gegenüber US-Anleihen die risikoärmere Anlage.

Die Rohstoffpreise lassen kein einheitliches Bild erkennen. Der Metall-Index, der traditionellerweise meist parallel zum Zinstrend verläuft, liegt inzwischen im Abwärtstrend. Der Goldpreis zeigt nach oben. Der Moody-Index hat schon ein beachtliches Niveau erreicht und noch keine klare Umkehrformation ausgebildet. Das Zutagetreten eines einheitlichen Rohstofftrends entscheidet in den nächsten Monaten über die weitere Zinsentwicklung.

Der Dow-Jones-Utility-Index reagiert noch verhalten auf die sinkenden Zinsen. Die jüngste Korrektur nach unten überrascht, nachdem sich die sinkenden Zinsen schon durchgesetzt und den Utility-Index von November bis Februar nach oben getrieben hatten. Es muß sich noch herausstellen, ob sich der Aufwärtstrend fortsetzt oder eine neue Wende zur Baisse eintritt.

Der Dollar hat gegenüber DM und Yen einen rasanten Sturzflug vollzogen. Dies wird auf jeden Fall die Gewinne der deutschen und der japanischen Exportindustrie negativ beeinflussen. Noch ist kein Ende des Abwärtstrends in Sicht.

An den Aktienmärkten haben US-Titel diesmal auf die neue Zinssituation aus dem Stand heraus nach oben reagiert. Gewiß sind sie aufgrund der freundlichen Zinsen weiter kaufenswert, trotz des schon hohen Niveaus. Neue Höchstkurse liefern ja gerade *kein* Verkaufsignal, sondern zeigen einen intakten Trend an. Da allerdings nicht alle Indikatoren schon eindeutige Hausse-Signale liefern (steigender Goldpreis, unklarer Trend beim Utility-Index), sollte man nicht schon jetzt den für Aktien bestimmten Teil seines Vermögens voll investieren, sondern sich mit Anleihekäufen in Europa noch etwa 50 Prozent Reserve halten. Bei späterer Gelegenheit kann der Aktienanteil weiter erhöht werden, sobald sich der Zinstrend stabilisiert hat und auch der Dollar wieder aufwärts strebt.

Deutsche und andere europäische Aktien wirken zwar aufgrund ihres tieferen Niveaus auf den ersten Blick attraktiver als US-Aktien. Aber ihre Abhängigkeit von der Entwicklung des Dollars sollte man nicht unterschätzen. Da noch kein Ende dessen Kursverfalls in Sicht ist, sollte man besonders deutsche Exportaktien noch untergewichten. Ganz ausschließen kann man sie auf Dauer wohl nicht; sie werden interessant, wenn sich der Dollar zu erholen beginnt. Jetzt aber könnte man Finanztitel bevorzugen, die von einem schwachen Dollar weniger stark betroffen sind.

Zur Information

Von unserem Stichtag aus ging es an den Aktienmärkten gemessen an ihren Indizes folgendermaßen weiter:

	Deutschland	Schweiz	USA
1 Monat	+ 5 %	+ 4 %	+ 4 %
3 Monate	+ 8 %	+ 13 %	+ 10 %
6 Monate	+ 14 %	+ 20 %	+ 15 %
9 Monate	+ 17 %	+ 31 %	+ 23 %

Trainingssatz 17

Trainingssatz 18

Zwischen Niedrigzinsen und Crashgefahr

29. Dezember 1995

Schwierigkeitsgrad: ✦

Wirtschafts- und Börsenlage

Börsianer sehen das Jahr 1995 im Rückblick als ein Jahr der Korrektur des großen Zins- und Inflationsirrtums von 1994. Die befürchtete Inflation trat nicht ein; so wurde der kräftige Zinsanstieg vom Markt wieder rückgängig gemacht.

Für Anleger am US-Markt war es ein »Jahr der Aktie«; in Europa kann man von einem »Jahr der Anleihe« sprechen.

Der Anstieg der US-Aktien in diesem Jahr um rund 30 Prozent erfolgte allerdings bereits von einem sehr hohen Niveau aus. Besonders der »Nasdaq-Index« für US-Nebenwerte erlebte dank der hier stark vertretenen Technologietitel einen gewaltigen Anstieg.

Als Grund für die starke Hausse wird in den USA das wachsende Interesse der privaten Sparer an Aktien genannt. Die Kleinanleger vertrauen dabei vor allem den Investmentfonds.

Dazu kam der kräftige Zinsrückgang, der mit der erwarteten Einigung von US-Regierung und -Kongreß über die Haushaltssanierung begründet wird. Bei einem voraussichtlichen Wirtschaftswachstum von nicht mehr als zwei Prozent im Jahre 1996 wird auch künftig nicht mit inflationären Gefahren gerechnet, so daß der Weg für weitere Zinsermäßigungen vorgezeichnet erscheint.

In Deutschland wird 1996 die Telekom privatisiert werden. Man hofft bereits jetzt auf ein steigendes Interesse des breiten Publikums an der Anlageform Aktie, denn ein Flop bei der Placierung würde dem Ansehen des Finanzplatzes Deutschland schweren Schaden zufügen. Noch vermißt man Pläne der Bundesregierung zur Belebung der Investition in Risikokapital und eine steuerliche Förderung der langfristigen Aktienanlage.

Der Dollar gilt allerdings weiterhin als labil. Für exportorientierte europäische Unternehmen ist sein Kurs noch immer zu niedrig.

Überhaupt gibt es viele, die der Überzeugung sind, daß die Aktienkurse gemessen an der fundamentalen Situation weltweit bereits viel zu hoch liegen. Sie fürchten einen Rückschlag vor allem in den USA. In einen US-Crash würde Europa mit Sicherheit hineingezogen.

Optimisten halten die derzeitigen Notierungen hingegen immer noch für Kaufkurse.

Anleihezinsen USA/Deutschland vom 30.12.94 bis 29.12.95

Rendite 30jährige US-T-Bonds

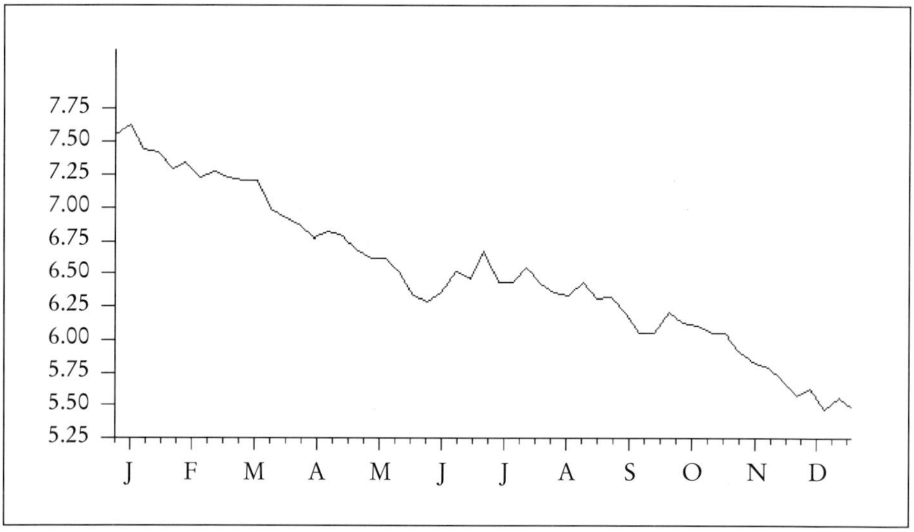

Umlaufrendite Anleihen Deutschland

Gold- und Metallpreise vom 30.12.94 bis 29.12.95

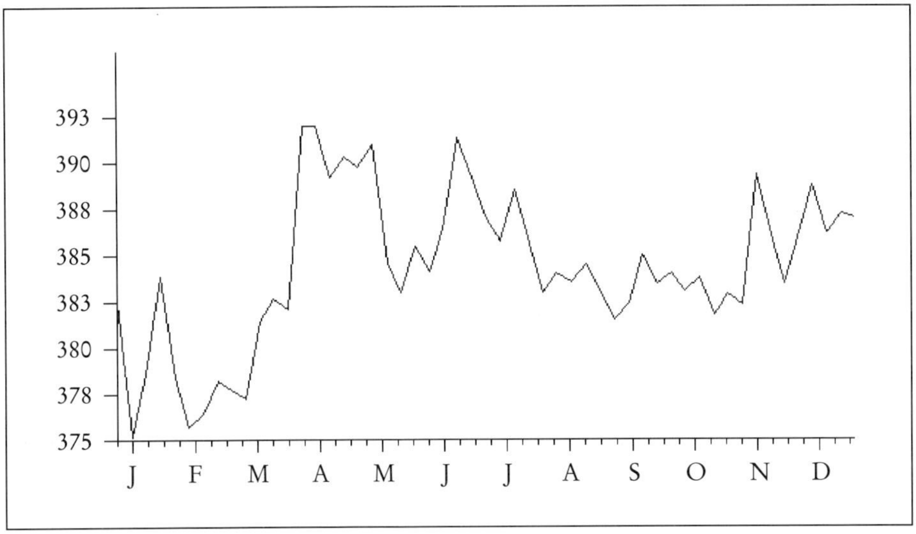

Gold $/Feinunze

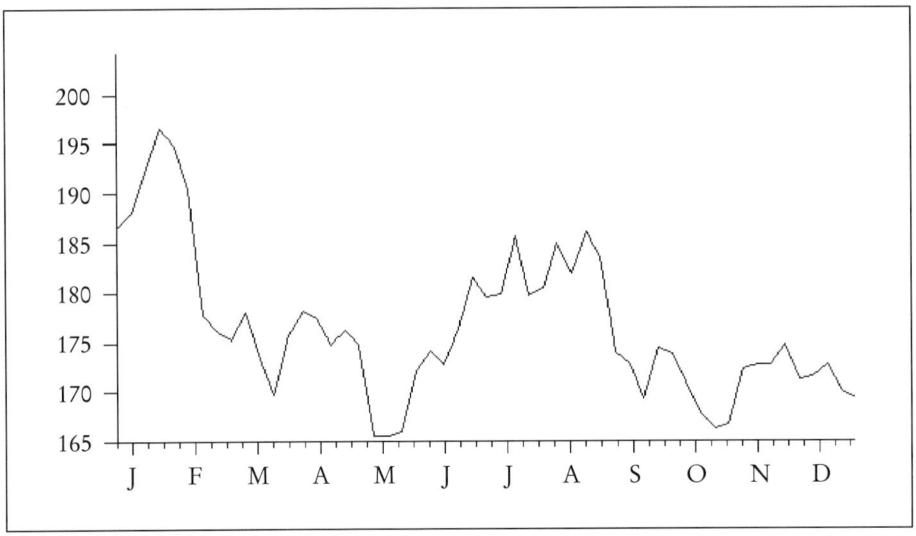

Metall-Index

Rohstoffpreise und US-Versorger vom 30.12.94 bis 29.12.95

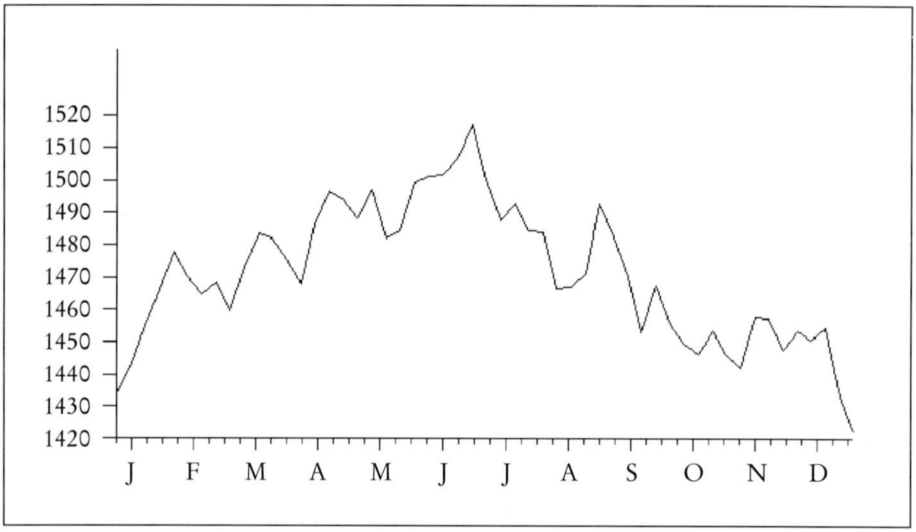

Moody-Index

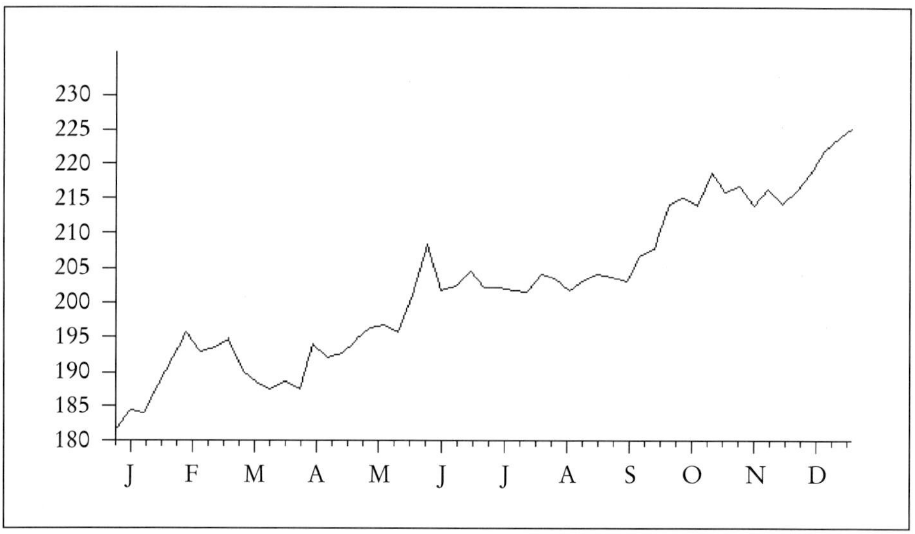

Dow-Jones-Utility-Index

US-Dollar vom 30.12.94 bis 29.12.95

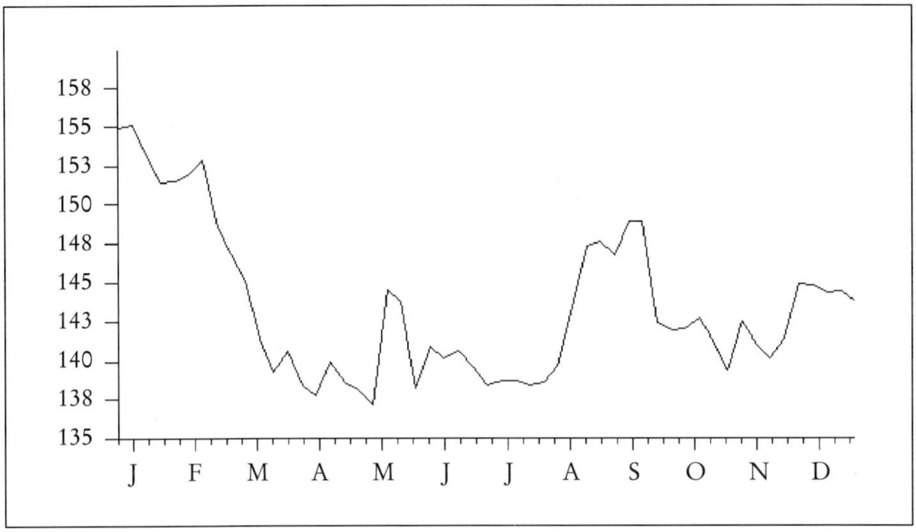

100 US-$ in DM

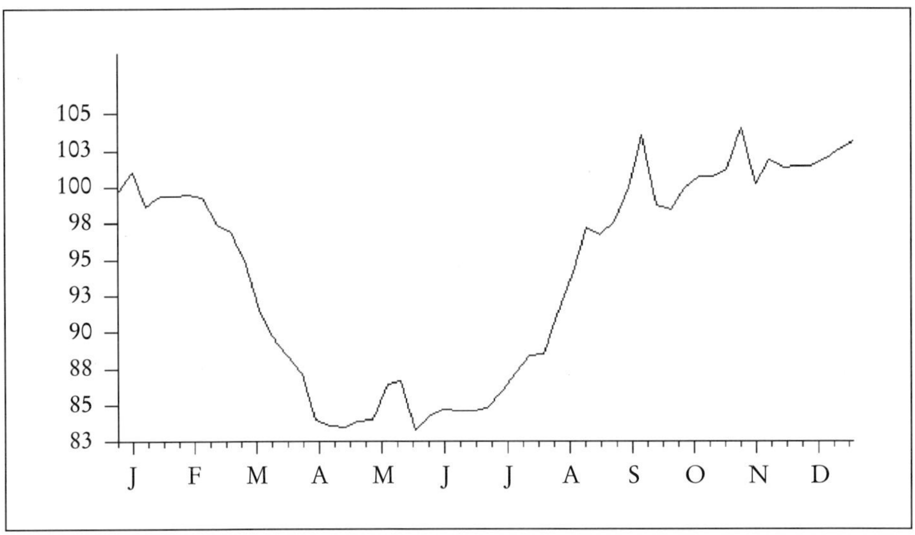

US-$ in Yen

Dow-Jones-Index und DAX vom 30.12.94 bis 29.12.95

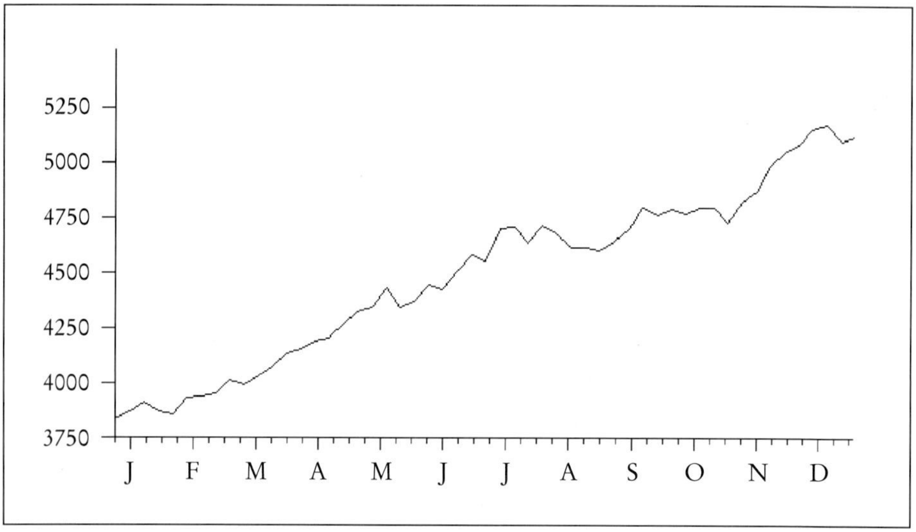

Dow-Jones-Index

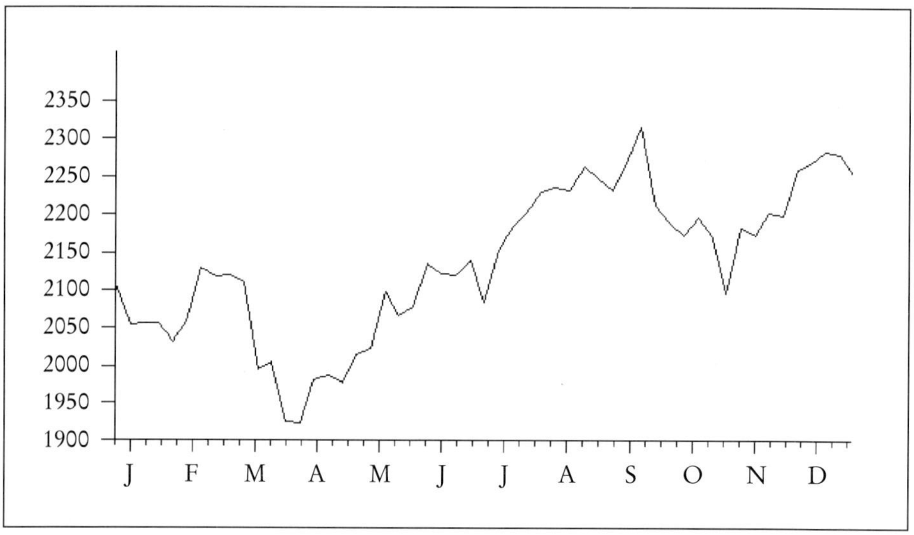

DAX

Kreuzen Sie bei »Aktien« und »Anleihen« an, welche der folgenden Empfehlungen Sie abgegeben hätten:

Aktien

- ○ weltweit uneingeschränkt kaufen
- ○ kaufen; US-Aktien übergewichten
- ○ kaufen; europäische Aktien übergewichten
- ○ weltweit gut haltenswert, Zukäufe möglich
- ○ weltweit gut haltenswert, Zukäufe in den USA möglich
- ○ weltweit gut haltenswert, Zukäufe in Europa möglich
- ○ in Europa Teilverkäufe, US-Aktien noch haltenswert
- ○ in den USA Teilverkäufe, europäische Aktien noch haltenswert
- ○ in Europa 50 Prozent und in den USA 25 Prozent der Aktien verkaufen
- ○ in den USA 50 Prozent und in Europa 25 Prozent der Aktien verkaufen
- ○ weltweit uneingeschränkt verkaufen

Anleihen

- ○ weltweit Anleihen mit langen Laufzeiten kaufen
- ○ weltweit Anleihen mit kurzen Laufzeiten kaufen
- ○ europäische Anleihen mit langen Laufzeiten kaufen
- ○ europäische Anleihen mit kurzen Laufzeiten kaufen
- ○ US-Anleihen mit langen Laufzeiten kaufen
- ○ US-Anleihen mit kurzen Laufzeiten kaufen
- ○ US-Anleihen noch halten, europäische Anleihen abstoßen
- ○ europäische Anleihen noch halten, US-Titel abstoßen
- ○ gegenüber Aktien zur Zeit eindeutig untergewichten

Empfehlung

Aktien:
weltweit uneingeschränkt kaufen.

Anleihen:
gegenüber Aktien zur Zeit eindeutig untergewichten.

Begründung

Die Zinsen fallen sowohl in den USA als auch in Deutschland nahezu geradlinig. Es spricht nichts für eine Trendumkehr, so daß auch langlaufende Anleihen noch haltenswert sind. Wer aus Sicherheitsgründen einen Teil seines Kapitals in Anleihen parken will, sollte sich bei Neuanlagen angesichts derart niedriger Zinssätze jedoch besser an kurze Laufzeiten halten. Nach einer so langen Zinssenkungsphase weisen im allgemeinen Aktien die größeren Chancen auf, so daß Anleihen untergewichtet werden sollten.

Die Rohstoffpreise fallen, was besonders am Moody-Index deutlich erkennbar ist. Der Goldpreis tendiert inzwischen seitwärts oder bestenfalls leicht aufwärts. Aber dieser Trend ist nicht stark genug, um Befürchtungen auf steigende Preise und Zinsen zu rechtfertigen.

Insgesamt geben die Rohstoffpreise den Zinsen weiterhin positive Signale.

Der Dow-Jones-Utility-Index liegt klar im Aufwärtstrend und bestätigt damit die freundliche Stimmung bei den Zinsen.

Der Dollar befindet sich gegenüber der DM in einem stabilen Seitwärtstrend. Zwar wurde das Hoch von Anfang September nicht mehr erreicht, aber bis jetzt zeigt der Trend des Dollars keine neue Schwäche an. Gegenüber dem Yen ist die US-Währung sogar deutlich gestiegen, ohne daß sich ein Rückschlag abzeichnet. Auch von dieser Seite erhalten wir also überwiegend positive Signale.

Bei den internationalen Aktien sollte man nach der Überwindung der Korrekturphase von September und Oktober die etwas tieferen Kurse spätestens jetzt zum Einstieg nutzen. Europa sollte gegenüber dem US-Markt spürbaren Nachholbedarf haben, zumal der Dollar seine Talfahrt endlich beendet zu haben scheint.

US-Aktien sollten dennoch nicht vernachlässigt werden, auch wenn sie derzeit zu Jahreshöchstkursen notieren. Denn die Zins- und Preisindikatoren, die ja auch für US-Aktien gelten, könnten derzeit kaum freundlicher sein.

Zur Information

Von unserem Stichtag aus ging es an den Aktienmärkten gemessen an ihren Indizes folgendermaßen weiter:

	Deutschland	Schweiz	USA
1 Monat	+ 8 %	- 3 %	+ 3 %
3 Monate	+ 10 %	+ 11 %	+ 9 %
6 Monate	+ 14 %	+ 13 %	+ 11 %
10 Monate	+ 19 %	+ 14 %	+ 17 %

Trainingssatz 18

Trainingssatz 19

Verschnaufpause im Gipfelsturm – oder Wende?

25. Oktober 1996

Schwierigkeitsgrad: ✦✦

Wirtschafts- und Börsenlage

Trotz aller Unkenrufe hat sich der starke Kursanstieg der Aktien weltweit auch 1996 fortgesetzt. Zwar kamen nach einem freundlichen ersten Quartal 1996 aufgrund des hohen Kursniveaus und steigender Zinsen Unsicherheiten an den Weltbörsen auf, die im April und Juli zu vorübergehenden Kurskorrekturen um 10 Prozent führten.

Seit aber im August und September die Zinsen wieder sanken, erlebten die Börsen einen goldenen Herbst. Ein stabiler Dollar, niedrige Leitzinsen der Zentralbanken und freundliche Anleihemärkte unterstützten den weiteren Aufschwung.

Nach einer nun schon fast zwei Jahre währenden Hausse werden die Börsianer jedoch auch schon bei kleinen Trendänderungen der Zinsen, Rohstoffpreise und des US-Dollars nervös. Kann man jetzt wirklich noch kaufen? Erleben wir nur derzeit eine Verschnaufpause im Gipfelsturm oder den Beginn einer Wende?

Den für viele Börsianer unerklärlich langen und starken Kursaufschwung begründet Roger Bootle, Chefökonom der in London ansässigen Hongkong & Shanghai Banking Corporation, London, in einem vielbeachteten Bestseller mit dem *Tod der Inflation*, der ein völliges Umdenken bei der Kapitalanlage erfordere. Dagegen meint Otmar Issing, Mitglied des Direktoriums der Deutschen Bundesbank, ein solches Reden vom angeblichen Tod der Inflation sei verfrüht. Zwar gebe es stabilitätspolitische Erfolge. Die Schuldenquoten in den Industrieländern seien jedoch so erschreckend hoch, daß die Inflation als bequemes Mittel der Schuldensenkung durchaus wieder aufleben könne.

Skeptiker weisen darauf hin, daß die Unternehmensgewinne unmöglich mit den starken Kursgewinnen der letzten Jahre Schritt halten könnten. Deshalb blieben vor allem die vielbeachteten US-Konjunkturdaten ein ständiger Unsicherheitsfaktor. Und tatsächlich schloß der Dow-Jones-Index in der abgelaufenen Woche viermal hintereinander mit einem Minus, ehe am heutigen Freitag wieder einmal ein geringes Plus verbucht werden konnte. Begründet wurde die Kursschwäche mit Sorgen über abflauende Unternehmensgewinne bei IBM, Digital Equipment, Procter & Gamble und anderen großen Werten.

Niedrige Zinsen allein verbürgten noch keinen Kursaufschwung bei Aktien, erklären Marktbeobachter. Das sehe man an der japanischen Börse, die trotz Minizinsen seit Jahren auf der Stelle trete.

Anleihezinsen USA/Deutschland vom 27.10.95 bis 25.10.96

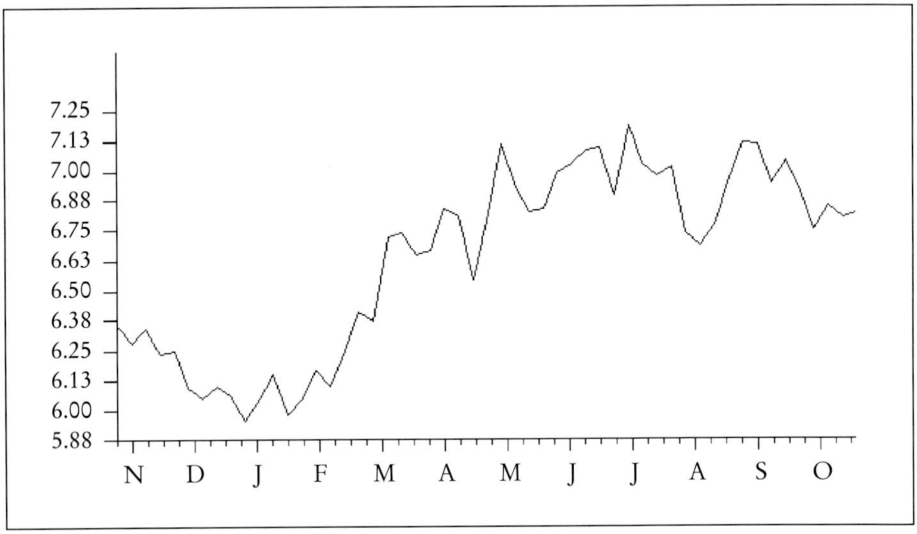

Rendite 30jährige US-T-Bonds

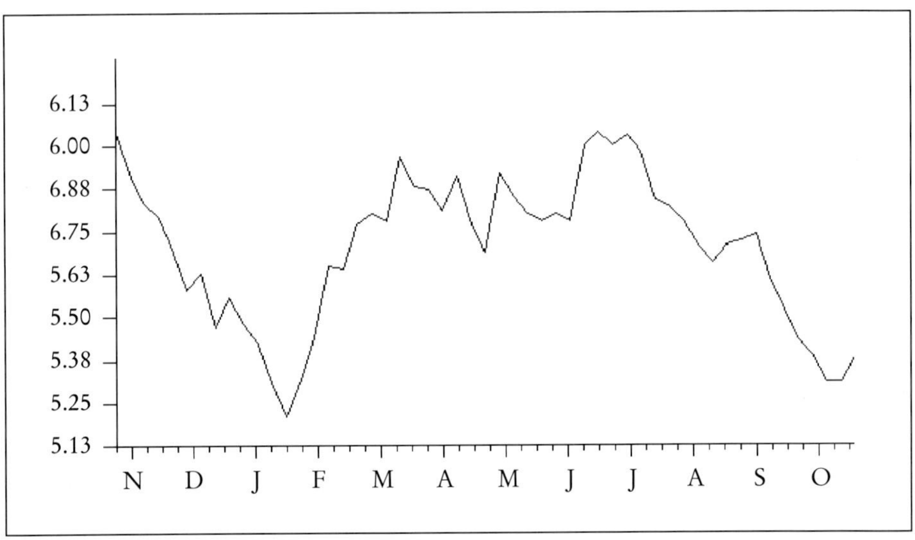

Umlaufrendite Anleihen Deutschland

Gold- und Metallpreise vom 27.10.95 bis 25.10.96

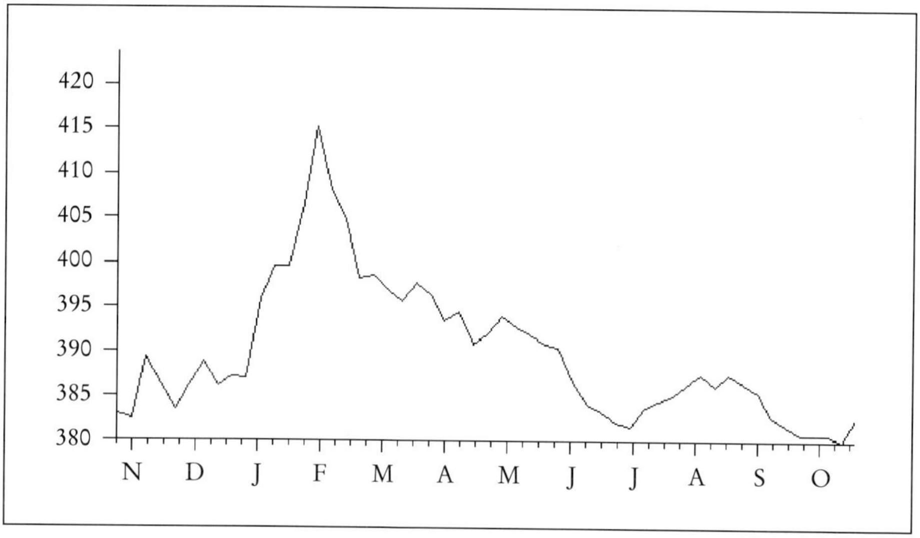

Gold $/Feinunze

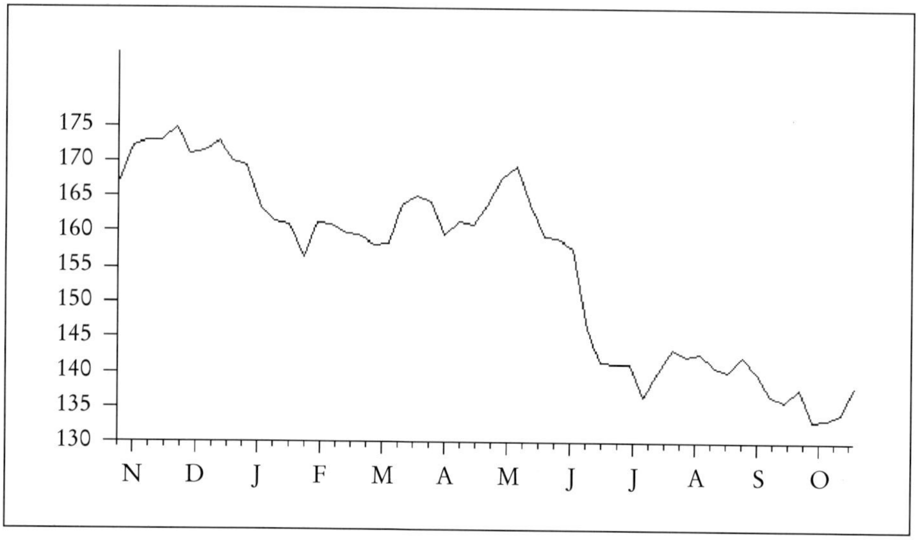

Metall-Index

Rohstoffpreise und US-Versorger vom 27.10.95 bis 25.10.96

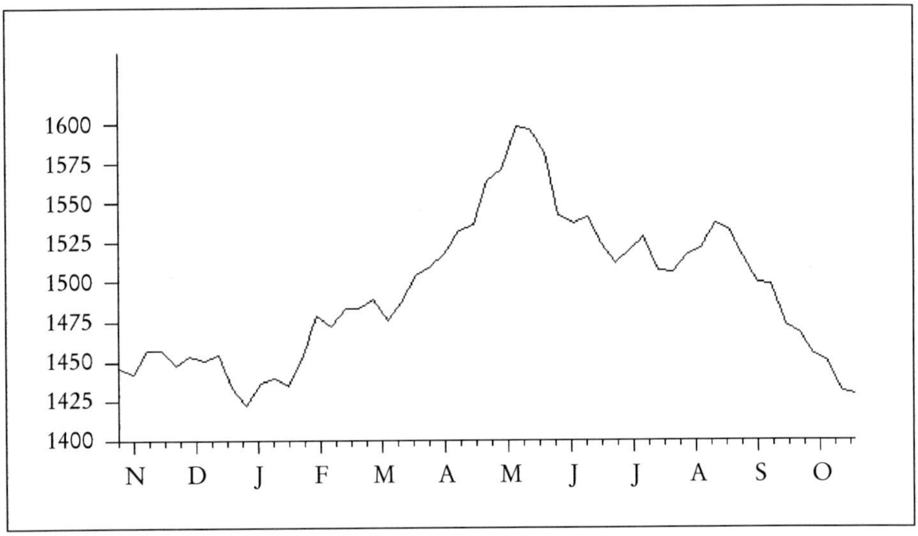

Moody-Index

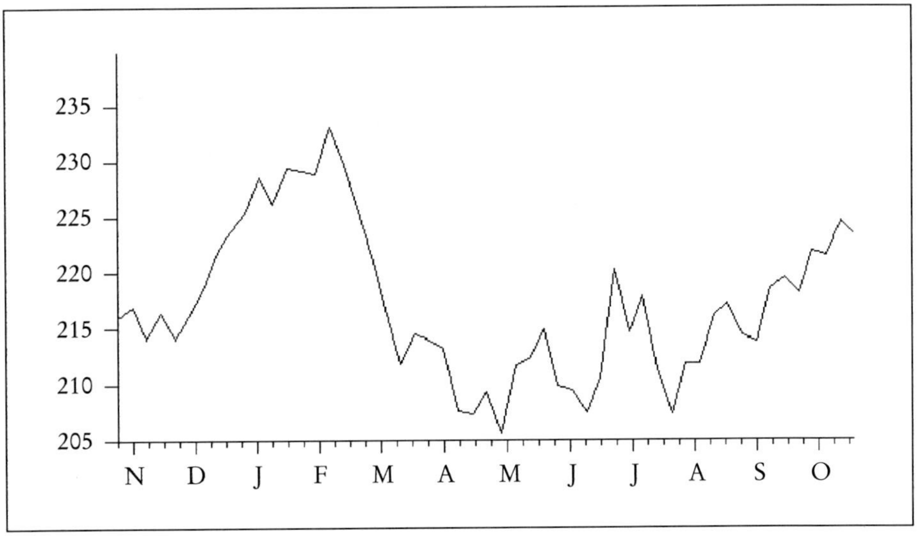

Dow-Jones-Utility-Index

US-Dollar vom 27.10.95 bis 25.10.96

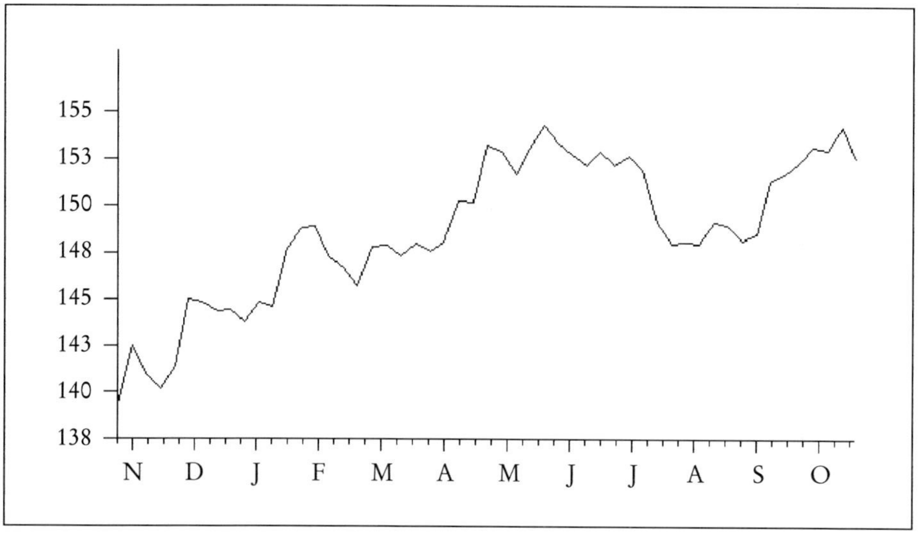

100 US-$ in DM

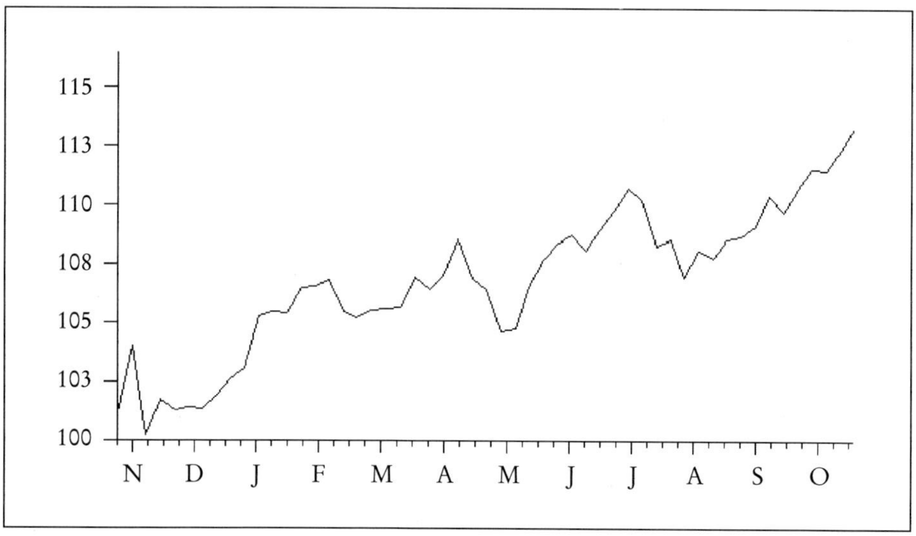

US-$ in Yen

Dow-Jones-Index und DAX vom 27.10.95 bis 25.10.96

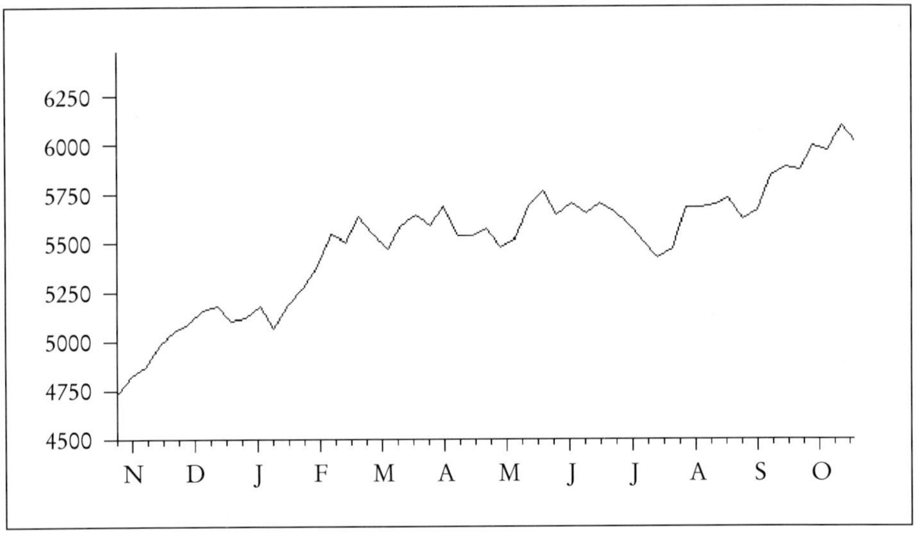

Dow-Jones-Index

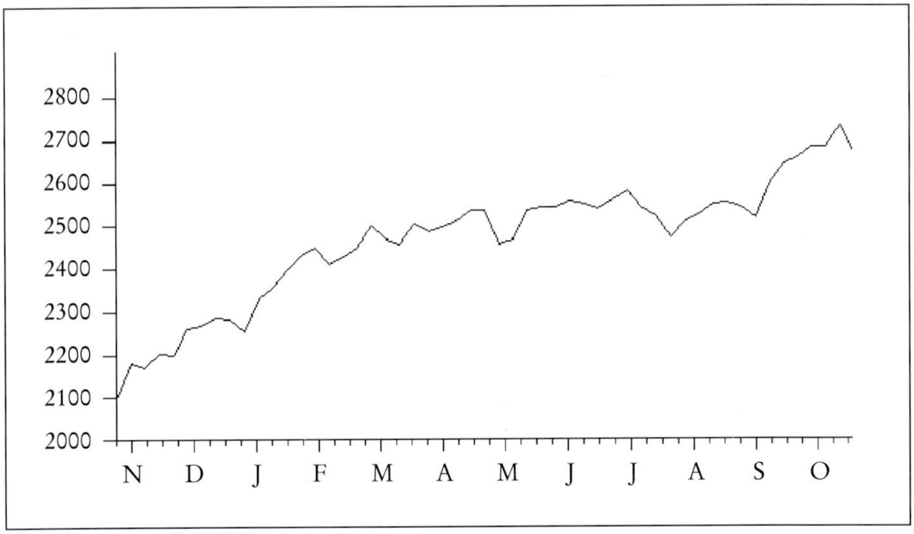

DAX

Kreuzen Sie bei »Aktien« und »Anleihen« an, welche der folgenden Empfehlungen Sie abgegeben hätten:

Aktien

- ○ weltweit uneingeschränkt kaufen
- ○ kaufen; US-Aktien übergewichten
- ○ kaufen; europäische Aktien übergewichten
- ○ weltweit gut haltenswert, Zukäufe möglich
- ○ weltweit gut haltenswert, Zukäufe in den USA möglich
- ○ weltweit gut haltenswert, Zukäufe in Europa möglich
- ○ in Europa Teilverkäufe, US-Aktien noch haltenswert
- ○ in den USA Teilverkäufe, europäische Aktien noch haltenswert
- ○ in Europa 50 Prozent und in den USA 25 Prozent der Aktien verkaufen
- ○ in den USA 50 Prozent und in Europa 25 Prozent der Aktien verkaufen
- ○ weltweit uneingeschränkt verkaufen

Anleihen

- ○ weltweit Anleihen mit langen Laufzeiten kaufen
- ○ weltweit Anleihen mit kurzen Laufzeiten kaufen
- ○ europäische Anleihen mit langen Laufzeiten kaufen
- ○ europäische Anleihen mit kurzen Laufzeiten kaufen
- ○ US-Anleihen mit langen Laufzeiten kaufen
- ○ US-Anleihen mit kurzen Laufzeiten kaufen
- ○ US-Anleihen noch halten, europäische Anleihen abstoßen
- ○ europäische Anleihen noch halten, US-Titel abstoßen
- ○ gegenüber Aktien zur Zeit eindeutig untergewichten

Empfehlung

Aktien:
weltweit gut haltenswert, Zukäufe möglich.

Anleihen:
gegenüber Aktien zur Zeit eindeutig untergewichten.

Begründung

Die Zinsen melden vor allem in Deutschland sinkende Tendenz; auch die US-Bonds erwecken nach dem Anstieg im Sommer den Eindruck, als drehten sie nach unten. Ob man in der jetzigen Lage stärker Anleihen oder Aktien kauft, ist eine Frage der Risikobereitschaft. Im allgemeinen sind Aktien zu bevorzugen, wenn die Zinsen schon weit gesunken sind und langsam in eine Seitwärtsbewegung übergehen.

Bei den Anleihen sollte man eine Mischung aus Kurz- und Langläufern wählen. Solange der Abwärtstrend bei den Zinsen anhält, erzielen zwar Langläufer noch Kursgewinne. Aber wie sieht es aus, wenn in 2 oder 3 Monaten doch schon eine Zinswende eintritt? Hält man dann zu viele Anleihen mit langen Laufzeiten und muß sie umtauschen, kostet das nur Spesen. Im Moment ist allerdings angesichts fallender Rohstoffpreise eine schnelle Zinswende nicht wahrscheinlich.

Die Rohstoffpreise sinken; ganz deutlich ist das am Moody-Index zu erkennen. Aber auch Gold- und Metallpreise verzeichnen noch keine Wendeformation nach oben.

Für die nächsten Monate scheint somit den Zinsen von den Preisen her noch keine Gefahr zu drohen.

Der Dow-Jones-Utility-Index liegt klar im Aufwärtstrend und bestätigt damit die freundliche Stimmung bei den Zinsen.

Der Dollar scheint gegenüber der DM zwar im Moment an einer Widerstandslinie bei 1,54 DM abzuprallen, aber der Aufwärtstrend gegenüber dem Yen besteht nach wie vor. Auch vom Dollar kommen damit insgesamt eher positive Signale.

Die Aktienmärkte haben nach Höchstständen zuletzt leicht korrigiert. Zwar ist zu verstehen, daß Anleger ungern auf Aktien setzen, wenn sich die

Kurse so weit oben befinden. Aber nachdem ausschließlich Kaufsignale vorliegen, sollte man engagiert bleiben bzw. kaufen. Wenn die Preissteigerungsraten auf dem jetzigen Niveau bleiben und die Zinsen weiter leicht sinken, kann den Aktien im Grunde nicht viel passieren; sie können dann je nach Land durchaus noch um 20 bis 30 Prozent im Kurs klettern.

Zur Information

Vom unserem Stichtag aus ging es an den Aktienmärkten gemessen an ihren Indizes folgendermaßen weiter:

	Deutschland	Schweiz	USA
1 Monat	+ 6 %	+ 4 %	+ 9 %
3 Monate	+ 13 %	+ 14 %	+ 13 %
6 Monate	+ 26 %	+ 27 %	+ 12 %
11 Monate	+ 55 %	+ 52 %	+ 32 %

Trainingssatz 19

Trainingssatz 20

Währungskrise in Ostasien – Rückschlag beim US-Dollar

26. September 1997

Schwierigkeitsgrad: ✦✦✦

Wirtschafts- und Börsenlage

Von dem hohen Niveau des Herbstes 1996 aus haben die internationalen Aktienbörsen erneut 50 Prozent und mehr zulegen können. Da man die kurzen Unterbrechungen der Hausse im April 1996, Juli 1996 und März 1997 wohl nicht als eigenständige Baisse-Perioden, sondern nur als Korrekturen werten darf, muß man den Beginn der Hausse auf März 1995 ansetzen.

Seither sind die Indizes der US-Börse und der europäischen Börsen um mehr als 100 Prozent gestiegen. Sie wurden getragen von einem gewaltigen Kapitalstrom, dem die Zinsen am Anleihemarkt zu niedrig erschienen. Verwöhnte Anleger erwarten offenbar nun jedes Jahr Kurszuwächse wie in den letzten drei Jahren. Vorsicht und Risikobewußtsein bei der Aktienanlage schwinden immer mehr.

Einen Dämpfer hat es im August dieses Jahres gegeben. Die wirtschaftlichen Probleme einiger südostasiatischer Länder, die ihre Währungen an den US-Dollar gebunden und deren Unternehmen sich in Dollar verschuldet hatten, traten offen zutage. Sie konnten den Verfall ihrer Währung nicht mehr verhindern.

Nach stärkeren Kurskorrekturen scheinen diese Probleme die Aktienbörsen nun nicht mehr zu belasten. Zur Zeit befinden sich die Börsen in den USA und Europa wieder auf dem Weg nach oben, allerdings wurde bisher der Gipfel von Ende Juli nicht mehr erreicht.

Etwas Sorge bereitet die jüngste Schwäche des US-Dollars gegenüber der DM. Aber ist diese angesichts des nach wie vor freundlichen US-Zinstrends so stark zu gewichten? Der Kursrückgang des US-Dollars wird hauptsächlich mit einer möglichen Zinsanhebung der Deutschen Bundesbank erklärt. Doch das ist reine Spekulation. Das *Handelsblatt* schreibt in einem Ausblick auf die kommende Börsenwoche:

»Die Optimisten vertrauen nach wie vor auf die beste aller Börsenwelten: Wirtschaftswachstum ohne Inflationsgefahren.« Denn an den Anleihemärkten drohten keine Gefahren. Der nächste Zinsschritt der Deutschen Bundesbank werde zwar nach oben gerichtet sein, es spreche aber wenig dafür, daß er kurz bevorstehe.

Auch in den USA dürfte beim Zinstrend alles beim alten bleiben, meinen Marktbeobachter. Die derzeit gute Stimmung bei den dortigen Anleihen führte heute auch zu einem Anstieg des Dow-Jones-Index um 1 Prozent, wovon auch die europäischen Börsen im späten Handel noch profitierten.

Anleihezinsen USA/Deutschland vom 27.09.96 bis 26.09.97

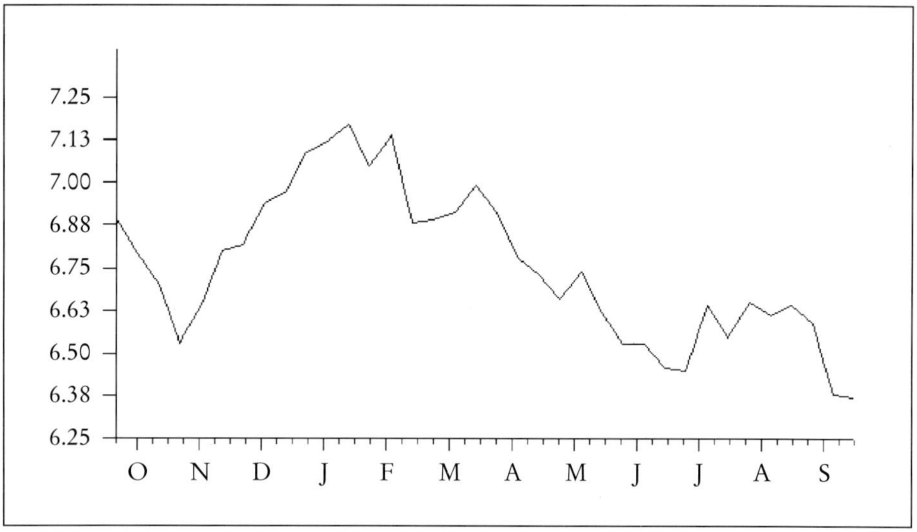

Rendite 30jährige US-T-Bonds

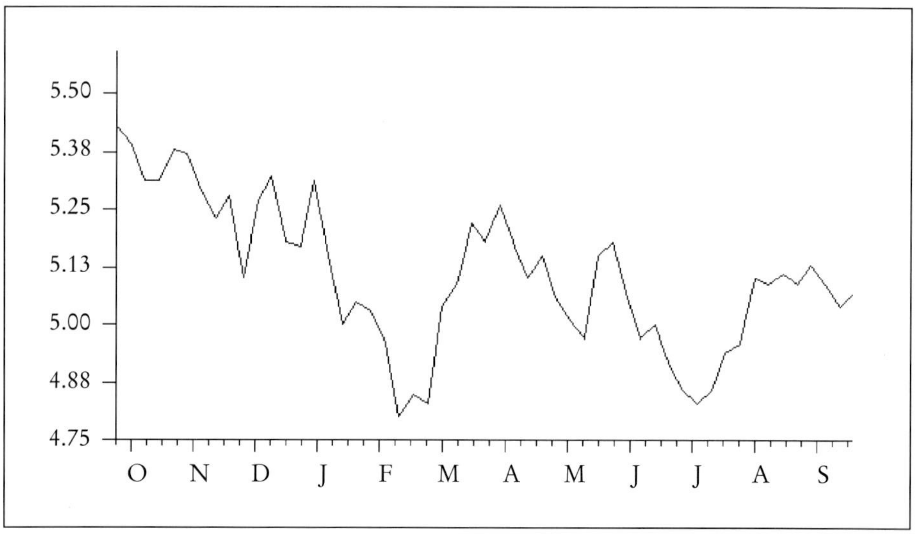

Umlaufrendite Anleihen Deutschland

Gold- und Metallpreise vom 27.09.96 bis 26.09.97

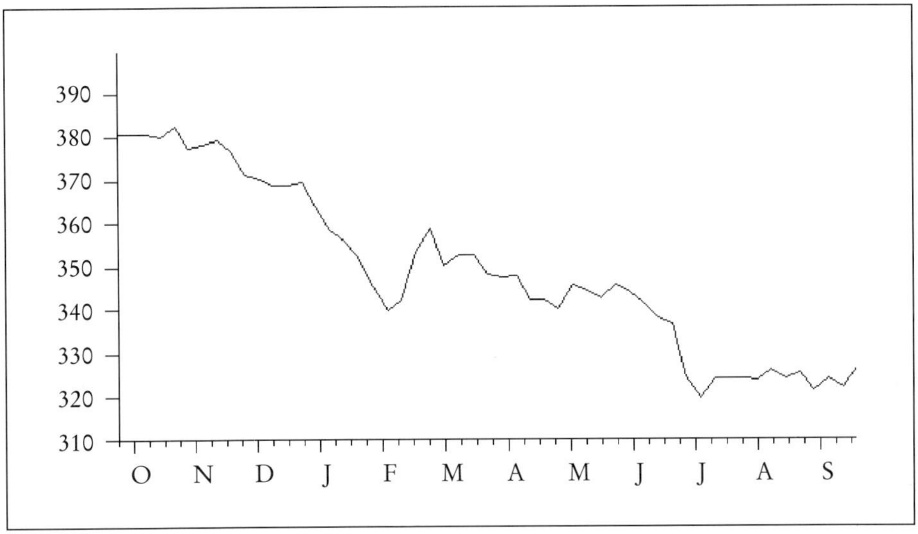

Gold $/Feinunze

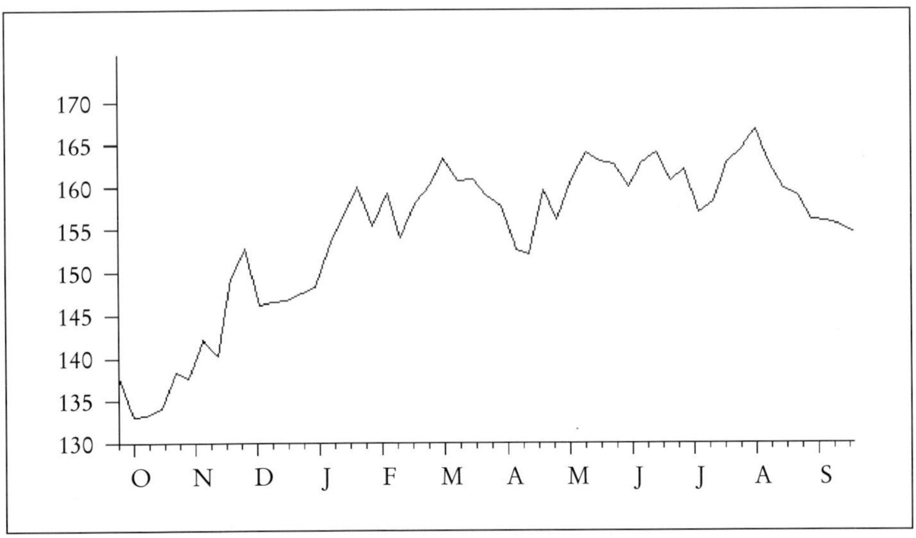

Metall-Index

Rohstoffpreise und US-Versorger vom 27.09.96 bis 26.09.97

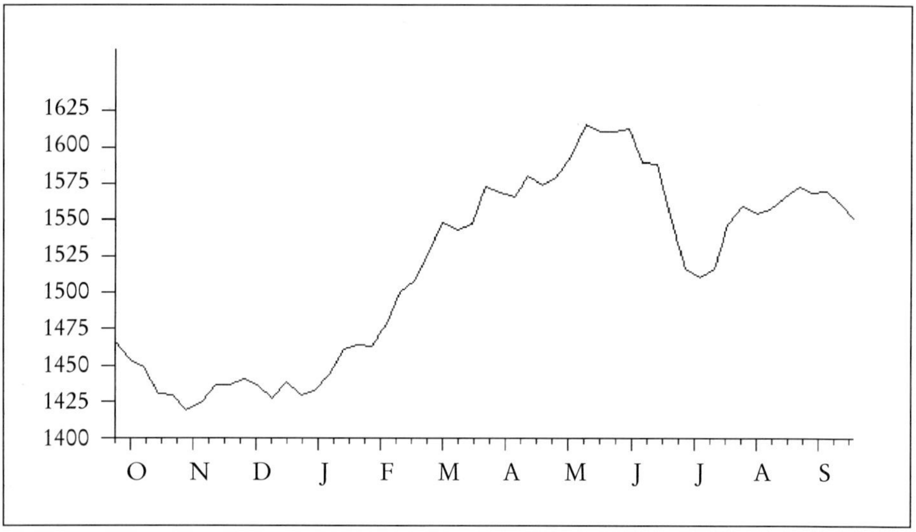

Moody-Index

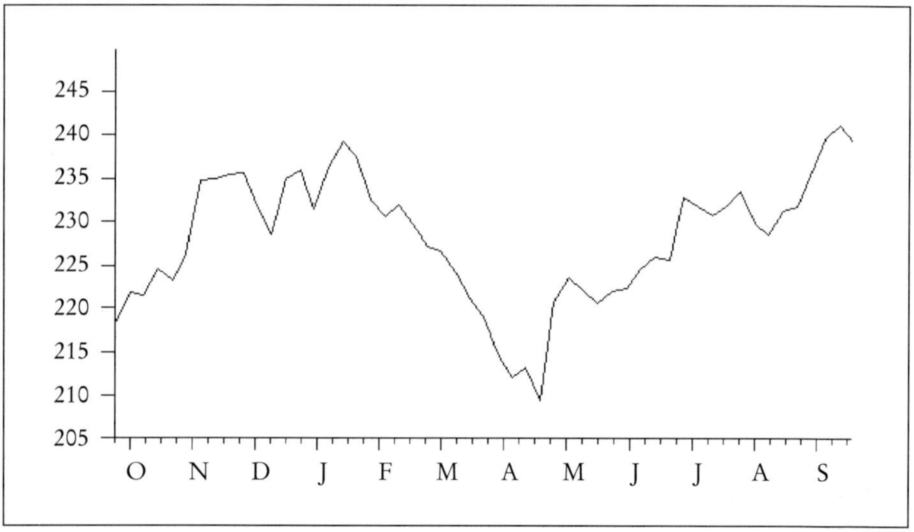

Dow-Jones-Utility-Index

US-Dollar vom 27.09.96 bis 26.09.97

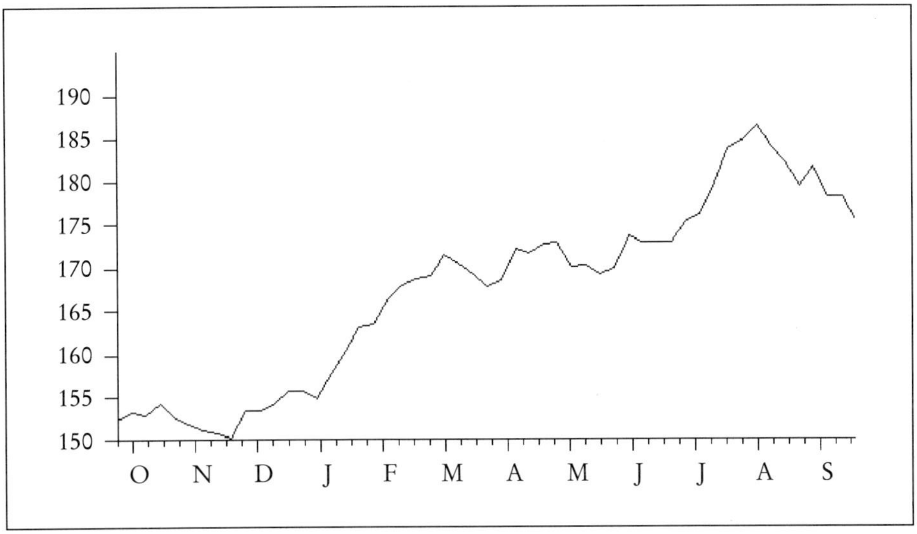

100 US-$ in DM

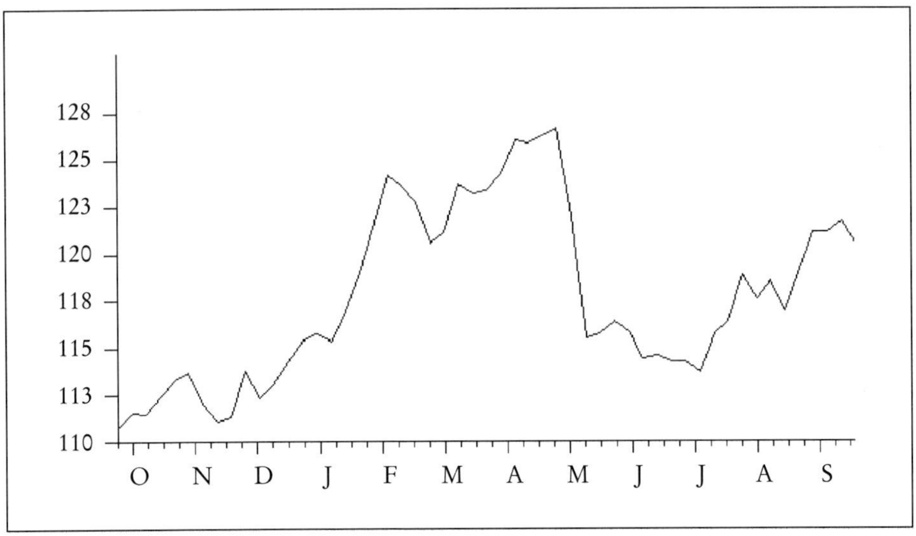

US-$ in Yen

Dow-Jones-Index und DAX vom 27.09.96 bis 26.09.97

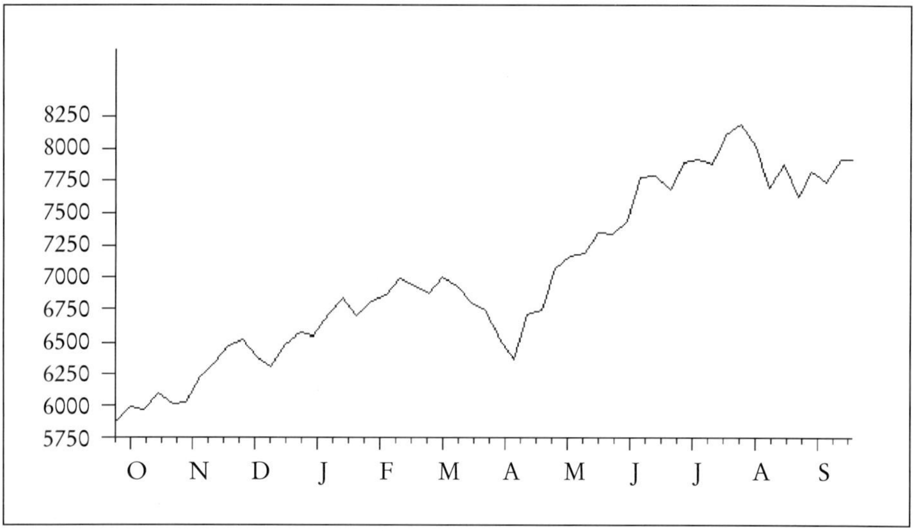

Dow-Jones-Index

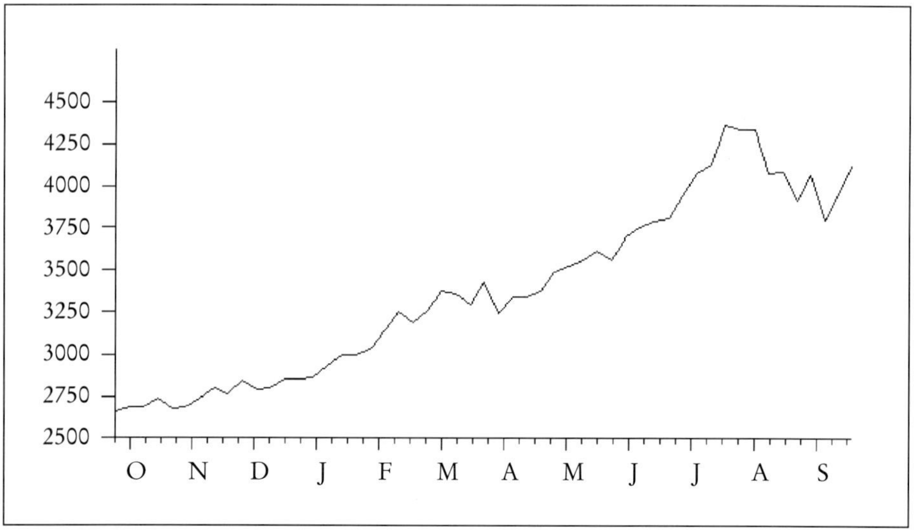

DAX

Kreuzen Sie bei »Aktien« und »Anleihen« an, welche der folgenden Empfehlungen Sie abgegeben hätten:

Aktien

- ○ weltweit uneingeschränkt kaufen
- ○ kaufen; US-Aktien übergewichten
- ○ kaufen; europäische Aktien übergewichten
- ○ weltweit gut haltenswert, Zukäufe möglich
- ○ weltweit gut haltenswert, Zukäufe in den USA möglich
- ○ weltweit gut haltenswert, Zukäufe in Europa möglich
- ○ in Europa Teilverkäufe, US-Aktien noch haltenswert
- ○ in den USA Teilverkäufe, europäische Aktien noch haltenswert
- ○ in Europa 50 Prozent und in den USA 25 Prozent der Aktien verkaufen
- ○ in den USA 50 Prozent und in Europa 25 Prozent der Aktien verkaufen
- ○ weltweit uneingeschränkt verkaufen

Anleihen

- ○ weltweit Anleihen mit langen Laufzeiten kaufen
- ○ weltweit Anleihen mit kurzen Laufzeiten kaufen
- ○ europäische Anleihen mit langen Laufzeiten kaufen
- ○ europäische Anleihen mit kurzen Laufzeiten kaufen
- ○ US-Anleihen mit langen Laufzeiten kaufen
- ○ US-Anleihen mit kurzen Laufzeiten kaufen
- ○ US-Anleihen noch halten, europäische Anleihen abstoßen
- ○ europäische Anleihen noch halten, US-Titel abstoßen
- ○ gegenüber Aktien zur Zeit eindeutig untergewichten

Empfehlung

Aktien:
in Europa 50 Prozent und in USA 25 Prozent der Aktien verkaufen.

Anleihen:
europäische Anleihen mit kurzen Laufzeiten kaufen.

Begründung

Die Zinsen weisen nur in den USA eine freundliche Tendenz auf. Daß dort so viel Geld in den Anleihemarkt fließt, könnte mit einer Flucht asiatischen Kapitals in den »sicheren Hafen« Dollar zusammenhängen, weil dortige Anleger ihrer eigenen Währung nicht mehr trauen.

In Europa sieht der Zinstrend keineswegs mehr so positiv aus. Zwar sind wir von einem gesicherten Aufwärtstrend noch weit entfernt. Aber ein »Doppelboden« liegt bereits vor.

Konsequenz: Das Anlagekapital sollte in Anleihen mit kurzen Laufzeiten (1 bis 3 Jahre) geparkt werden, bis auch der europäische Zinstrend wieder klar nach unten gerichtet ist.

Die Rohstoffpreise weisen eher auf künftig weiter sinkende Zinsen hin. Der Goldpreis scheint zwar jetzt nach einer längeren Abwärtsbewegung Boden zu finden. Aber Metallpreise und Moody-Index haben ihren Anstieg in diesem Jahr offenbar bereits abgeschlossen. Sie tendieren nach unten.

Der Dow-Jones-Utility-Index befindet sich in einem ungebrochenen Aufwärtstrend. Auch die August-Korrektur konnte ihm nichts anhaben.

Kein Wunder: Sinkende US-Zinsen treiben ihn zu immer neuen Höhenflügen an. Mittelfristig gibt er also ein deutliches Kaufsignal für Aktien.

Der Dollar hat gegenüber der DM eindeutig seinen Aufwärtstrend verlassen, was für europäische Aktien seit jeher ein Gefahrensignal bedeutet. Gegenüber dem Yen liegt er fester, doch ist dies in erster Linie aus der Yen-Schwäche und seiner Rolle als derzeitige Fluchtwährung Asiens zu erklären.

An den Aktienmärkten ist erhöhte Vorsicht geboten. Die Lage erinnert sehr stark an April 1986 und September 1989.

Wenn die Aktienkurse international um ein Vielfaches gestiegen sind, wachsen Nervosität und die Neigung zu kräftigen Gewinnmitnahmen. Auch im April 1986 und im September 1989 gab es noch keine steigenden Zinsen – nur die Befürchtung, sie *könnten* jetzt steigen. Hinzu kamen der schwache Dollar und ein allgemeines Unbehagen aufgrund der verbreiteten Einschätzung, daß das Kursniveau der Aktien doch schon schwindelerregend hoch sei. Wer gibt schon seine üppigen Gewinne gern wieder her?

So befinden sich viele Anleger auf dem Sprung zum Ausstieg.

Andererseits sind die »mittelfristigen« Hausse-Signale weiter intakt. Der Utility-Index und die fallenden US-Zinsen und Rohstoffpreise zeigen dies an.

Als Aktionär sollte man daher einen Kompromiß vollziehen: die Hälfte des Aktienbestandes verkaufen und bei der nächsten größeren Korrektur, die angesichts des fallenden Dollars droht, günstig zurückkaufen.

Zur Information

Von unserem Stichtag aus ging es an den Aktienmärkten gemessen an ihren Indizes folgendermaßen weiter:

	Deutschland	Schweiz	USA
1 Monat	- 14 %	- 8 %	- 10 %
3 Monate	- 1 %	+ 6 %	- 3 %
6 Monate	+ 23 %	+ 32 %	+ 11 %

Trainingssatz 20

Uwe Lang

TRAINING FÜR DIE BÖRSE

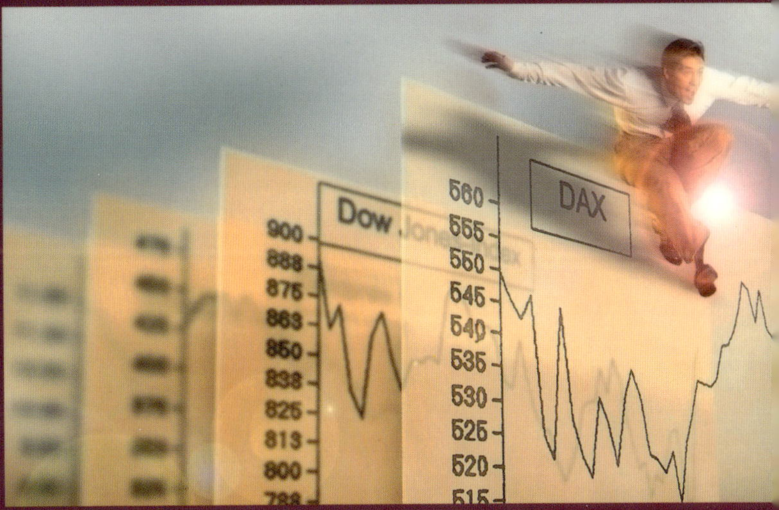

Börsentrends spielerisch erkennen und richtig nutzen

Mit optimalem Timing zum Anlageerfolg

campusinvest